INTERKULTURELLE BEGEGNUNGEN 30

# Studien zum Literatur- und Kulturtransfer

## Hrsg. von Rita Unfer Lukoschik und Michael Dallapiazza

*Zu Qualitätssicherung und Peer Review
der vorliegenden Publikation*

Die Qualität der in dieser Reihe
erscheinenden Arbeiten wird vor der
Publikation durch beide Herausgeber der
Reihe geprüft.

*Notes on the quality assurance and
peer review of this publication*

Prior to publication, the quality of
the work published in this series is re-
viewed by both editors of
the series.

Antonella Negri

# Personnages de l'Europe littéraire: Maugis/Malagigi

Racines, mutations et survivances du topos du
larron-enchanteur

PETER LANG

**Bibliografische Information der Deutschen Nationalbibliothek**
Die Deutsche Nationalbibliothek verzeichnet diese Publikation
in der Deutschen Nationalbibliografie; detaillierte bibliografische
Daten sind im Internet über http://dnb.d-nb.de abrufbar.

Traduction d'Anouck Vecchietti Massacci (Université de Urbino Carlo Bo)

Illustration de couverture : CHANSON DE GESTE: MAUGIS. / After free-
ing his cousin, Renaud de Montauban, the enchanter Maugis
d'Aigremont takes the swords of Roland (left) Charlemagne (in throne,
right), and the nobles who had acted as guards. French manuscript illu-
mination, c1440.

GRANGER / Alamy Stock Photo.
Pour la description de la scène voir: P. Verelst, Renaut de Montauban.
Édition critique du ms. de Paris, B.N., fr. 764 (R), Gent, 1988, p.14-15
(f.51v).

Ce volume a été publié grâce au concours de:
Università degli Studi di Urbino Carlo Bo – Dipartimento di Scienze della
Comunicazione, Studi Umanistici e Internazionali (DISCUI)

ISSN 2195-1160
ISBN 978-3-631-83240-0 (Print)
E-ISBN 978-3-631-87829-3 (E-PDF)
E-ISBN 978-3-631-87830-9 (EPUB)
DOI 10.3726/b19839

© Peter Lang GmbH
Internationaler Verlag der Wissenschaften
Berlin 2022
Alle Rechte vorbehalten.

Peter Lang – Berlin · Bern · Bruxelles · New York ·
Oxford · Warszawa · Wien

www.peterlang.com

*À Raffaele*

# AVANT-PROPOS

Il pourrait sembler étrange d'affirmer que le larron-enchanteur doive être envisagé comme un personnage de la littérature européenne, alors qu'il semble être plutôt une figure marginale, qui ne représente aucunement la culture de l'Europe d'aujourd'hui fondée sur la rationalité et la légalité. Pourtant, si nous revenons au Moyen Âge et essayons de retrouver son héritage oublié, nous voyons que l'Europe se présente comme un terrain de croisements de savoirs et de contaminations culturelles, un lieu de migrations et de conflits entre peuples, un continent qui « della diversità di radici ha fatto un elemento essenziale (anche se spesso problematico) per i suoi sviluppi culturali e politici. [...] In nessun luogo, nella storia europea, vi è stata una "purezza" etnica e culturale assoluta e originaria »[1]. Ces territoires, où les langues ne s'identifiaient pas avec les frontières politiques, ont en commun une pluralité de racines linguistiques parfois conflictuelles. Les expressions culturelles s'y acclimatent d'un syncrétisme composé de stratifications souvent contrastées, mettant par exemple en présence le folklore germanique autochtone et les philosophies du Proche-Orient, ou confrontant les instances de la culture savante et populaire.

Voilà pourquoi parler de Maugis/Malagigi signifie parler d'un personnage emblématique de la littérature européenne, grâce auquel émergent les différentes âmes et matrices de l'Europe des origines. Ainsi, en suivant le cheminement du larron-enchanteur, des chansons de geste aux *cantari* et au roman chevaleresque italien, nous verrons apparaître les continuités et discontinuités qui, du point de vue du contenu et du genre littéraire, ont connoté de manière transversale sur les plans géographique et chronologique la littérature du Moyen Âge et de la Renaissance.

En somme, faire la narration du larron-enchanteur signifie se réapproprier un héritage complexe dans lequel nous pouvons à la fois reconnaître nos racines tout en déclarant ses ineffaçable distance et altérité.

---

1  G. Bocchi et M. Ceruti, « Introduzione. Genesi delle identità europee », in *Le radici prime dell'Europa. Gli intrecci genetici, linguistici, storici*, sous la dir. de G. Bocchi et M. Ceruti, Milano, Bruno Mondadori, 2001, pp. 9–40 : 10.

En reparcourant les textes où est présent le topos du larron-enchanteur, nous nous apercevons que, parmi les personnages les plus représentés dans l'Europe littéraire entre le XIIᵉ et le XIVᵉ siècle, se trouvent une vingtaine de larrons-enchanteurs. Il s'agit de personnages qui apparaissent dans des textes épiques, souvent comme adjuvants du héros, qui exercent une magie naturelle ou acquise qui paraît aller de pair avec la médecine, l'hypnose, l'herboristerie. Par conséquent, cette magie est acceptée même par le pouvoir ecclésiastique, car elle ne s'oppose pas à Dieu. En outre, certains de ces personnages déclarent l'avoir « étudiée » à Tolède, confirmant le fait que cette magie s'acquiert bel et bien et n'est pas un don inné.

Sur le plan historique, nous percevons Tolède comme une ville multiculturelle, où des groupes ethniques de différentes croyances religieuses, unis par la conviction partagée de la validité universelle du savoir scientifique et philosophique, traduisaient d'arabe en latin de nombreux trésors de la philosophie hellénistique et de la science qui étaient presque méconnus de l'Occident. C'est de ce savoir médiéval – un savoir qui n'est pas assez mûr pour réussir à catégoriser de manière stricte les différentes disciplines et qui laisse donc indistinctes les limites entre magie et sciences naturelles – que nous pouvons peut-être voir émerger des replis des textes néoplatoniciens traduits en arabe les « racines » du topos, de ce lien imaginaire entre *la magie*, qui fait apparaître et disparaître les choses, et *le vol*, qui semble œuvrer de manière semblable.

Il nous reste donc à observer comment la textualité épique du Moyen Âge était, de fait, bien plus inclusive que ce que l'on pourrait croire ; en effet, elle était réellement ouverte à une pluralité de points de vue, à des connaissances et à des contaminations culturelles qui venaient de l'Orient et de la philosophie ancienne.

Dans cette perspective, le personnage de Maugis – qui se présente non seulement comme larron-enchanteur, mais aussi comme médecin, hypnotiseur, chevalier héroïque – nous apparaît moins étranger, puisqu'il rend identifiables et acceptables certains traits communs sur lesquels se fondent notre culture et notre mentalité. En ce sens, même le vol – qui se limite aux symboles du pouvoir impérial de Charlemagne : la couronne, le cheval et l'épée – finit par être lu dans sa veine comique, car il ne cause dommage à personne et renvoie plutôt à une valeur subversive ou à un discours antisystème.

Au fil du temps, nous le verrons, la figure de Maugis est sujette à des « mutations » et évolue sur le territoire italien où le personnage prend le nom de Malagigi, reflétant de nouveaux modèles culturels en rapport à une civilisation littéraire qui s'ouvre à la pleine Renaissance. Larron-enchanteur, Malagigi se charge de nouveaux accents, transformé en un nécromant qui évoque les démons et atténue ainsi peu à peu la composante du vol, jusqu'à la faire disparaître. Lorsque Maugis continue d'accomplir son voyage dans les œuvres de la littérature italienne de la Renaissance, l'on arrive à ressentir la désagrégation du personnage et de sa fonction subversive, ce qui porte de fait à la conclusion de son processus de représentation. Toutefois, malgré sa distance et son altérité constante, la figure iconique et les facettes multiples de ce personnage arrivent peut-être à « survivre » dans la contemporanéité.

Parler des racines, mutations et survivances du topos du larron-enchanteur à travers le personnage de Maugis/Malagigi, nous paraît significatif pour ceux qui enseignent dans les écoles et les universités et visent à découvrir et raconter les personnages de l'Europe littéraire à travers leurs archétypes et leur histoire commune à partir du Moyen Âge. Cela veut dire se détacher des ancrages d'une pensée totalisante eurocentrique et prendre en charge un parcours de connaissance qui valorise le sens des racines identitaires communes, dont les matrices, comme nous le savons, doivent être cherchées dans des domaines géographiques et spirituels qui ne sont pas occidentaux et encore moins européens.

*Avant de délivrer ce texte, je tiens à remercier vivement Gioia Zaganelli et Cesare Mascitelli qui on lu très soigneusement mon travail dans sa phase finale et qui m'ont donné plusieurs suggestions importantes.*

*À la memoire de Dominique Boutet et Philippe Verelst, auxquels ce travail doit beaucoup en termes d'inspiration, je souhaite adresser une dernière pensée de reconnaissance.*

# TABLE DES MATIÈRES

# I LE LARRON-ENCHANTEUR

## Le topos du larron-enchanteur dans le Moyen Âge épique

Bien que de nombreuses recherches aient été consacrées à analyser sous différents points de vue Maugis, nous voulons revenir sur la question du topos qui le caractérise. Nous estimons en effet qu'il est possible d'ajouter quelques réflexions pour mieux en appréhender la configuration et l'union de la *magie* au *vol* dans le vaste monde médiéval[2]. Ces réflexions pourraient nous aider à comprendre les raisons pour lesquelles tant de personnages de la littérature épique européenne sont caractérisés par ce topos et pourquoi ces mêmes représentations, tout en maintenant leur curieuse configuration originaire, peuvent aussi bien devenir des types ou des clichés que se refaçonner à travers des métamorphoses innovantes[3].

Le topos littéraire constitue en effet une idée « infinie », patrimoine commun d'un domaine d'interprétation déterminée, utilisée par un auteur selon un sens « fini », c'est-à-dire que seules les parties fonctionnelles relatives à la réalisation du but narratif désiré sont développées. Rendre explicite

---

2  Nous nous permettons de renvoyer aux études de A. Negri, « Maugis ladromago nell'epica medievale », *Quaderni di Filologia romanza della Facoltà di Lettere e Filosofia dell'Università di Bologna, Lingua, poesia, racconto* 6, 1987, pp. 27–49, et à A. Negri, « Il *topos* del ladro-mago nel meraviglioso medievale: immagini letterarie e sfondo culturale », *Quaderni di Filologia romanza della Facoltà di Lettere e Filosofia dell'Università di Bologna. Trovatori, canzoni dei gesta, storia delle idee ed altro* 7, 1990, pp. 47–57. Nous tirons de ces essais les nœuds de notre argumentation, tout en les enrichissant de nouveaux axes de recherche.

3  Concernant l'emploi des textes littéraires et la destinée de la rhétorique du topos, du Moyen Âge à l'époque moderne, Sergio Zatti fait remarquer : « Dal monumentale disegno tratteggiato da Curtius emerge un intero sistema di pensiero e di espressione giacente al cuore della cultura europea e durato per secoli fino a che la sua centralità viene scalzata dalle rivendicazioni romantiche sui diritti creativi del genio. Il sistema implode infatti quando si impone il nuovo verbo della originalità e della creatività » (S. Zatti, « Curtius e la modernità », in *Metamorfosi dei topoi nella poesia europea dalla tradizione alla modernità. I. Figure della soggettività e imitatio dal Romanticismo al Decadentismo*, sous la dir. de S. Zatti, Pisa, Pacini, 2018, pp. 25–45 : 26).

l'actualisation du topos et lire au fur et à mesure le contenu nouveau dont il se revêt signifient remettre en jeu les tensions de l'époque et les vicissitudes littéraires qui ont donné lieu à la création du personnage, en renouvelant ainsi sa figure dans les multiples chansons de geste où il apparaît[4].

Dans l'épopée française, les images littéraires concernant le topos du larron-enchanteur, bien qu'elles soient assujetties par la fixité des attributs qui les caractérisent, se différencient les unes des autres en raison d'un dynamisme qui s'exerce entre le substrat culturel et les vicissitudes historico-sociales concernées dans la formation du topos.

Du XIIe au XVe siècle, dans une vingtaine de chansons de geste, les larrons-enchanteurs apparaissent toujours comme des personnages de premier plan qui revêtent un rôle structurel dans la construction narrative. Philippe Verelst a analysé cette caractéristique commune de tous ces personnages et a regroupé ceux-ci en larrons-enchanteurs de première et de deuxième génération, selon des critères qui n'ont pas manqué de porter à débat[5]. En effet, Christine Ferlampin-Acher a montré que certaines catégories employées par le chercheur belge pour mettre de l'ordre dans les différents larrons-enchanteurs ne suffisent pas à expliquer les multiples développements que cette figure a connus au cours des siècles. De plus, elle a démontré que « la figure épique de l'enchanteur *larron* évolue au point d'être absorbée par celle du *luiton* »[6]. Sous un autre angle, Sylvie Roblin

---

4    Comme chacun le sait, Curtius voit dans les topoï des éléments qui ont unifié la littérature européenne, qui puisent leurs racines dans le patrimoine culturel de l'Antiquité et constituent la base pour pouvoir procéder à une « morfologia comparata delle culture ». Cf. A. Vrânceanu, « La topologia di Curtius come metodo di strutturazione della letteratura europea », in *Ernst Robert Curtius e l'identità culturale dell'Europa*. Atti del XXXVII Convegno interuniversitario (Bressanone/Innsbruck, 13–16 luglio 2009), sous la dir. de I. Paccagnella et E. Gregori, Padova, Esedra, 2011, pp. 235–252 : 242.

5    La taxonomie a été inaugurée par le désormais célèbre essai de Philippe Verelst, « L'enchanteur d'épopée. Prolégomènes à une étude sur Maugis », *Romanica Gandensia* 16, 1976, pp. 13–161.

6    Et ainsi de suite : « On peut tout d'abord dégager deux tendances opposées : la rationalisation et le développement du merveilleux. L'enchanteur *larron* est rationalisé sous forme de clerc [...]. Parallèlement, le potentiel merveilleux se trove investi par deux figures tirées du folklore, le nain et le *luiton* ». Ch. Ferlampin-Acher, « Larron contre Luiton : les métamorphoses de Maugis », in

a insisté sur la valeur politique et subversive du larron-enchanteur qui se présente comme la figure auxiliaire qui parfois se substitue au vassal rebelle lorsque ce dernier n'arrive pas à contraster le pouvoir impérial[7].

De toute façon, si l'on suit la subdivision de Verelst – qui nous fournit un inventaire exhaustif des larrons-enchanteurs existants–, nous pouvons constater que la première génération regroupe des personnages qui se configurent comme des aidants du héros et qui, bien qu'ils ne revêtent pas des rôles de premier plan, endossent quand même une importance dans l'intrigue, car il leur revient de mener à terme certaines entreprises que les héros n'arrivent pas à achever. Dans les textes plus anciens, les larrons-enchanteurs de première génération recourent à des enchantements très légers ; l'on parle par exemple de sommeil léthargique, d'évasion, d'hypnose, d'un emploi de la magie associée à la médecine ou au déguisement. Jusqu'au *Huon de Bordeaux*, ces personnages sont des magiciens qui exercent une magie d'origine naturelle, à travers l'emploi d'herbes, ou qui se réalise grâce à l'aide divine. Le passage de l'une à l'autre génération se concrétise lorsque l'on enregistre une évolution et une intensification du pouvoir de la magie. Les pouvoirs magiques deviennent très importants, voire structurels, bien qu'il ne s'agisse pas de pouvoirs innés, mais plutôt acquis grâce aux études que ces personnages auraient accomplies à Tolède.

La condition sous-jacente mais essentielle de l'analyse approfondie menée par Philippe Verelst est toutefois de contester la thèse ancienne de Léon Gautier, qui voyait dans ces éléments fantastiques une sorte d'étrange intrusion qui aurait marqué le caractère décadent des textes épiques[8]. De toute manière, indépendamment du catalogage des larrons-enchanteurs de première ou deuxième génération, il reste, observe Ferlampin-Acher,

---

*Entre épopée et légende : les Quatre fils Aymon ou Renaut de Montauban,* sous la dir. de D. Quéruel, Langres, Guéniot, I, 2000, pp. 101–118 : 102.

7   S. Roblin, « L'enchanteur et le roi : d'un antagonisme politique à une rivalité mythique ? », in *Pour une mythologie du Moyen Âge.* Études rassemblées par L. Harf-Lancner et D. Boutet, Paris, École normale supérieure, 1988, pp. 117–132 : 121.

8   C'est ce qu'affirme Verelst, « L'enchanteur… », p. 119. Pour la thèse de Léon Gautier, voir *Les épopées françaises,* Paris, Palmé, 1878–1892, t. III, p. 208.

que les figures de « Maugis, Aubéron, Estienne, Malabron et Zephir, sans descendre les unes des autres, entretiennent des liens de parenté »[9].

Cependant, l'objectif de notre réflexion se concentre notamment sur une donnée spécifique qui, bien qu'elle ait été signalée par différents chercheurs, maintient des côtés obscurs que l'on peut encore sonder. Si en effet l'on réfléchit sur la structure ou, pour mieux dire, sur la « construction » du topos qui unie la *magie* au *vol*, Philippe Verelst admet de façon univoque qu'« il est [...] hors de doute qu'il y a eu à l'origine une très étroite corrélation entre l'"art" de l'enchanteur et celui du voleur ». Il en résulte, poursuit-il, qu'« il doit donc y avoir à l'origine de cette tradition du *larron enchanteur* quelque explication qui permette de justifier cette curieuse association »[10]. Une intuition semblable anime aussi la recherche de Philippe Haugeard lorsqu'il relève que « la récurrence du phénomène conduit à considérer ce lien entre magie et vol comme un trait originel »[11].

La zone ibérique connaît elle aussi le personnage du larron-enchanteur, comme le démontre Cristina González qui insiste à plusieurs reprises sur le fait que « la conexión entre magia y robo es muy antigua »[12]. Si en effet nous pensons au récit d'*Ali Baba et les Quarante Voleurs*, ou à l'histoire

---

9   Ferlampin-Acher, « Larron contre... », p. 102.

10  Verelst, « L'enchanteur... », p. 124. En marge de l'examen mené par Verelst pour ce qui concerne l'épique, on observe que le topos du larron-enchanteur se réalise occasionnellement dans l'*Artus de Bretagne*, roman en prose du premier tiers du XIVe siècle. Ici nous trouvons Estienne, un enchanteur qui, au lieu de s'apparenter à Merlin, ressemble plutôt aux larrons-enchanteurs des chansons de geste. Cf. Ch. Ferlampin-Acher, « La présence des chansons de geste dans *Artus de Bretagne*, entre réminiscence et réécriture », in *Le souffle épique. Mélanges Bernard Guidot*, sous la dir. de M. Ott, Orléans, Paradigme, 2010, pp. 407–424 : 414.

11  Ph. Haugeard, « Le magicien voleur et le roi marchand. Essai sur le don dans *Renaut de Montauban* », *Romania* 123, 2005, pp. 292–320 : 293. L'auteur concentre son analyse sur le plan anthropologique et insère le vol dans la plus vaste problématique du don. L'évolution des rapports entre monarchie et féodalité met en lumière un Charlemagne qui n'est plus à la hauteur de ses charges et qui déroge à toutes les caractéristiques typiques de la souveraineté.

12  Cf. C. González, « Caballeros, ladrones, mujeres, magia y poder en *Carlos Maynes* y *Enrique Fi de Oliva* », *Hispania* 95, 2012, pp. 609–616 : 610.

d'*Aladin ou la Lampe merveilleuse*, ou plus encore aux deux nouvelles de *Carlos Maynes* et *Enrique Fi de Oliva*, nous en aurons une généreuse documentation[13].

En somme, voilà que pour chercher à comprendre la nature du lien étroit qui assure la continuité de diffusion du topos du larron-enchanteur, il peut être utile d'observer les nombreux larrons-enchanteurs qui, au cours du Moyen Âge, peuplent – peut-être pas par hasard – la narration épique…

## La vitalité du personnage dans l'épique

La complexité de la tradition littéraire apparaît de manière évidente déjà dans *La Chanson de Roland* où apparaît le Sarrasin Siglorel, le premier de la longue série des enchanteurs, qui est mis en opposition à l'archevêque Turpin et symbolise la corruption de la culture païenne[14]. L'impression vague et substantiellement pauvre en nuances que communique ce personnage porte celui-ci aux racines du topos en question, sans pour autant permettre de l'inclure parmi les larrons-enchanteurs, car est absente la richesse représentative que ceux-ci normalement dégagent. En effet, Siglorel n'est qu'un simple magicien véhiculant l'idée préconçue d'une culture orientale à la forte empreinte démoniaque.

Si, au contraire, nous nous penchons sur la catégorie des larrons-enchanteurs, de Basin à Galopin, de Foucher à Maubrun, de Picolet à

---

13  Dans la nouvelle *Carlos Maynes* apparaît le « ladrón mago » Grimoart, tandis que dans *Enrique Fi de Oliva*, le « ladrón mago » s'appelle Tomillas. Tous deux sont des chevaliers chrétiens soutenus par les faveurs du pape et qui volent seulement pour aider les pauvres. *Ibidem*, pp. 609–610.

14  Le premier enchanteur d'épopée, qui selon Verelst serait Siglorel dans *La Chanson de Roland*, n'a pas grand-chose en commun avec les larrons-enchanteurs successifs, car il représente le magicien qui incarne des pouvoirs quelque peu distants de la dimension du christianisme ; il est plutôt l'expression d'une culture païenne peu intégrée ; en effet, l'archevêque Turpin le juge avec des mots chargés de mépris. Cf. *La Chanson de Roland*. Édition critique par C. Segre, Genève, Droz, 2003, vv. 1390–1392 et M. Bensi et M. G. Cammarota, « L'arcivescovo Turpino nella *Chanson de Roland* e nel *Rolandislied* », *Linguistica e filologia* 35, 2015, pp. 29–67 : 42.

Malaquin et à Espiet, nous trouverons la *magie* et le *vol* comme étant des phénomènes qui se ressentent de représentations beaucoup plus amples et articulées. Basin[15] et Foucher[16], qui font partie du groupe des larrons-enchanteurs chrétiens, jouissent donc d'une bonne réputation et sont de parfaits chevaliers. Bien qu'ils soient mentionnés comme étant des voleurs, ils ne sont à aucun moment considérés avec mépris ; de plus, ils ne volent jamais les plus démunis et s'amusent à jouer de mauvais tours aux riches, en les ridiculisant. En effet, même suite à ce qui a été observé par Pio Rajna, Verelst signale que l'épithète *larron* ne constitue pas un élément négatif, car il ne fait pas référence à de véritables vols.

---

15  Basin est cité dans le *Renaut de Montauban* comme *boen larron prové* mais aussi dans l'*Élie de Saint-Gilles* où il est dit qu'il est un grand connaisseur d'herbes médicamenteuses, et enfin dans *Jehan de Lanson*. Selon Verelst, le fait que Basin soit à la fois un larron, un enchanteur et même un bon chevalier permet de voir en sa personne le prototype du larron-enchanteur comme figure de manière générale et globalement positive (Verelst, « L'enchanteur... », p. 124). Cf. W. Kibler, « The Old French Magicians : Maugis, Basin and Oberon », in *Romance Epic : Essays on a Medieval Literary Genre*, sous la dir. de H. E. Keller, Kalamazoo, Medieval Institute Publications, 1987, pp. 173–187. L'auteur partage l'opinion de Verelst selon laquelle Auberon est le personnage qui possède les caractéristiques des deux générations. Sur le chrétien Basin, voir aussi M. Gallois, « Science et merveille. La nigromance dans *Lion de Bourges* », in *Chansons de geste et savoirs savants : convergences et interférences*, sous la dir. de Ph. Haugeard et B. Ribémont, Paris, Classiques Garnier, 2015, pp. 183–196. Gallois montre comme Basin et Gombaut disposent de pouvoirs et de savoirs magiques qui leur permettent de modifier le déroulement de l'action narrative.

16  Cf. Verelst, « L'enchanteur... » p. 127. Nous retrouvons Foucher en tant que cousin de Girart dans *Girart de Roussillon*, vv. 2120–2124. *Girart de Roussillon*, éd. W. M. Hackett, Paris, Champion, III, 1953–1955. Foucher a aussi été analysé par W. Van Emden, « What constitutes a "bon larron" ? », in *Guillaume d'Orange and the chanson de geste. Essays presented to Duncan McMillan*, sous la dir. de W. Van Emden et Ph. Bennet, Reading, University of Reading, 1984, pp. 197–218 et par A. Labbé, « Enchantement et subversion dans *Girart de Roussillon* et *Renaut de Montauban* », in *Regards sur la chanson de geste « Mult ad apris ki bien conuist ahan »*, sous la dir. de Fl. Bouchet, D. Lacroix et S. Cazalas, Paris, Classiques Garnier, 2019, pp. 30–36.

Dans *Fierabras* et dans *Les Enfances Vivien* émergent respectivement Maubrun[17] et Picolet[18] qui, tout comme Siglorel, représentent le monde sarrasin dans sa perpétuelle tension vers le mal. Dans ces œuvres, la magie se caractérise comme un phénomène propre au paganisme. Les deux magiciens sont des héros païens possédés par des sentiments de vengeance et de violence gratuite, et sont soumis aux forces du mal.

Au contraire, dans certains poèmes épiques du Moyen Âge français, les larrons-enchanteurs sont orientés vers l'accomplissement d'actes socialement louables. C'est le cas de l'*Élie de Saint-Gilles* où se distingue l'action du nain chrétien Galopin[19], aidant ainsi que précieux conseiller de l'héroïque Élie ; ou du *Girart de Roussillon*, où Foucher, cousin de Girart, lui aussi larron-enchanteur, à l'instar de Maugis ne vole jamais les pauvres.

À la première génération de larrons-enchanteurs, dont le pouvoir surnaturel n'est qu'une caractéristique secondaire, fait suite une deuxième génération de personnages fantastiques chez qui les pouvoirs magiques font partie intégrante de leur personnalité et auxquels ils ne peuvent pas renoncer.

Auberon, le nain de *Huon de Bordeaux*, a une attitude magique presque illimitée, celle de figure intermédiaire entre le ciel et la terre, en rapport constant avec Dieu. Ayant la fonction de *deus ex machina*, on recourt à lui dans les situations d'extrême urgence, bien qu'il se considère avant tout comme un simple être humain. Même Malabron, le génie de la mer, dans cette même chanson de geste et sorte de figure auxiliaire d'Auberon, a de grands pouvoirs magiques, notamment la capacité de nager plus vite qu'un

---

17 Ce larron-enchanteur païen vole la ceinture de Floripas et, après l'avoir violée, il est tué par le fiancé de celle-ci. *Fierabras. Chanson de geste du XIIe siècle*, éd. M. Le Person, Paris, Champion, 2003, vv. 3046–3047 ; vv. 3066–3070 .

18 Picolet, lui aussi païen, se trouve dans *Les Enfances Vivien* et dans la *Bataille Loquifer*. Cf. *Les Enfances Vivien*, éd. M. Roquier, Genève, Droz, 1997, vv. 4855–4858 et *La Bataille Loquifer*. Studio e edizione critica, éd. C. Dusio, Strasbourg, ELIPHI, 2021, vv.1131-1135.

19 Voir *Élie de Saint-Gilles*, nouvelle édition par B. Guidot d'après le manuscrit BnF n° 25516, Paris, Champion, 2013, vv. 1979–1986 : il s'agit d'un personnage chrétien, perpétuellement en connexion avec Dieu, qui est devenu un voleur seulement parce qu'il a été élevé par des voleurs.

saumon. Sa tâche est d'aider Huon dans les situations difficiles, ce qu'il fait en utilisant toujours son habileté marine[20].

Berfuné, protagoniste de la version R du *Renaut de Montauban*, publiée par Verelst, mesure trois pieds et a le don de l'*ingremanche*, c'est-à-dire qu'il connaît le passé, le présent et le futur[21]. Grâce à l'intervention de quatre fées, il se convertit à la religion catholique et devient un allié de Renaut. Une caractéristique qui l'associe à Maugis est que lui aussi a séjourné à Tolède ; cela dit, il n'est pas le seul à être lié aux études à Tolède, qui sont également communes à Basin, ainsi qu'à Baudris, Boriaz et Espiet[22].

Nous reviendrons par la suite sur ce mythe essentiel à la compréhension des possibles corrélations entre *vol* et *magie*.

Les larrons-enchanteurs de la seconde génération sont quant à eux des personnages qui ont contribué de manière considérable au grand succès des anciennes chansons de geste. Par ailleurs, la physionomie de ces personnages change en fonction de la diversité des œuvres où ils apparaissent.

Fousifie est un autre enchanteur qui est déjà présent dans le *Maugis d'Ai-gremont* comme écuyer du héros, mais qui manifeste ses artifices magiques uniquement dans le *Vivien de Monbranc*[23].

Malaquin et Basin sont des personnages qui, comme nous l'avons déjà vu, font partie du *Jehan de Lanson*, mais, tandis que Basin est le héros positif qui a appris l'art de la magie à Tolède et qui réussit à endormir les personnes avec ses enchantements, Malaquin est la création pour ainsi dire « antithétique ». À tous les personnages indiqués par Verelst,

---

20 Cf. *Huon de Bordeaux*, édition bilingue par W. W. Kibler et F. Suard, Paris, Champion, 2003, vv. 5413–5417 et 7125–7129.

21 Roi sarrain, enchanteur fils du roi Baudris. Cf. Ph. Verelst, *Renaut de Montauban. Édition critique du ms. de Paris, B.N., fr. 764 (R)*, Gent, Rijksuniversiteit, 1988, vv. 16431–16549, vv.18278–18396, vv.19800–19848.

22 Cf. Verelst, « L'enchanteur... », pp. 152–154. Voir aussi la récente mise au point de M. Mazzoni, « Maugis e i maghi-ladri nell'epica francese », in *Cultura dotta e cultura folclorica nei testi medievali*, sous la dir. de M. Lecco, Alessandria, Edizioni dell'Orso, 2019, pp. 119–129.

23 Cf. *Maugis d'Aigremont*, éd. P. Vernay, Berne, Francke, 1980, mais aussi *Maugis d'Aigremont, chanson de geste suivie de La mort de Maugis*, trad. de R. Fournier-Lanzoni et J. Devard, Paris, L'Harmattan, 2014, en particulier « L'évolution des personnages dans les cycles », pp. 27–32 et *Vivien de Monbranc*, éd. W. G. Emden, Genève, Droz, 1987, vv. 440–450.

Ferlampin-Acher ajoute Lambert d'Oridon dans *Auberi le Bourguignon*[24]. Les personnages du larron-enchanteur ne sont donc pas une création sporadique, mais l'expression d'une tradition bien consolidée dans laquelle les protagonistes se caractérisent à partir d'analogies de situations et de comportements se ressemblant entre eux. Mais à cet égard l'auteure souligne à juste titre que «ils partagent un certain nombre de pouvoirs : ils connaissent les herbes (et s'en servent souvent pour changer leur apparence et se noircir le visage), ils peuvent ouvrir les portes verrouillées, ils sont capables d'entrer dans les cités adverses, ce sont souvent des espions rusés [...]. L'enchanteur *larron* introduit la ruse au service du bien ou du mal dans l'univers épique et comme l'ont vu S. Roblin et D. Boutet, il apparaît souvent dans una chanson de révolte où il incarnerait "le mauvais droit du rebelle" »[25]. Toutefois, il faut remarquer que le degré de réalisation du merveilleux fantastique dans les œuvres médiévales n'est pas uniforme dans le temps[26]. En effet, dans les chansons de geste plus anciennes, la magie revêt des tons mesurés et essentiels, tandis qu'à partir du *Huon de Bordeaux*, c'est-à-dire depuis 1220 environ, se manifeste une conception de la magie qui abuse de tours exagérés et excessifs et caractérise une circulation littéraire désormais médiocre.

Ce topos, dont nous n'avons énuméré que certains personnages parmi les plus connus, recèle d'intimes raisons qui justifient son enracinement dans un patrimoine culturel et une mémoire collective qui apparaissent en toile de fond du corpus des textes épiques[27]. Ces motivations se sont affirmées et ont eu la vie longue en raison de la bien connue perméabilité des textes

---

24 Ferlampin-Acher, « Larron contre... », p. 102.
25 *Ibidem*, p.103.
26 Il est intéressant de noter, comme il le dit à juste titre Suard, que « le merveilleux est, dès le depart, lié au mode d'écriture de la chanson de geste : puisque le domaine et les modalités d'action du héros épique se situent hors de toute mesure, le merveilleux concourt à la recherche de l'hyperbole, expression fondamentale de l'épopée» et donc « il n'existe aucune discordance de principe entre le projet épique et le recours au merveilleux ». F. Suard, *Guillaume d'Orange. Étude du roman en prose*, Paris, Champion, 1979, p.585.
27 Dans la structuration du topos sont tout aussi fondamentaux les apports folkloriques pour lesquels des exemples de voleurs qui ont des pouvoirs magiques ou des objets magiques nous sont offerts par S. Thompson, *The Folktale*, Berkeley, University of California, 1946 (n[os] 490 et 491).

épiques autant envers des modèles archétypiques qui puisent leurs racines dans le monde germanique, selon l'avis de Verelst, que vis-à-vis d'instances culturelles et philosophiques du monde oriental, comme nous chercherons à le démontrer ci-dessous.

À cette fin, il est fondamental de se demander si dans le topos l'association de la *magie* avec le *vol* a une relation logique ou s'il s'agit d'un cas tout à fait fortuit. Pour appréhender cette problématique, nous observerons Maugis – le larron-enchanteur le plus connu de l'épique française – dans certaines chansons où il apparaît en tant que protagoniste[28].

À première vue, nous remarquons que dans le *Renaut de Montauban*[29], la magie et les vols de Maugis trouvent un consensus social et sont dotés d'une légitimation divine. D'une part, la *magie* est représentée par des guérisons miraculeuses, comme une sorte d'enchantement naturel visant des finalités sociales positives qui, toutefois, dans les batailles ne se substituent pas pour autant à la valeur guerrière. D'autre part, dans la narration, le *vol* est perçu comme étant digne tout autant de louanges explicites qu'implicites au lieu d'être condamné par la société, comme on pourrait le croire. Cela dit, le vol est perpétré exclusivement envers les précieux symboles du pouvoir de Charlemagne. De surcroît, dans un épisode de la chanson, Maugis inflige la mort à des voleurs qui avaient détroussé des pèlerins.

---

28  *Ibidem*, p.104. Rappelons que Philippe Ménard, en étudiant l'étymologie du nom «Maugis», suppose que celui-ci vienne du germanique *Amal* – dans le sens de «actif, laborieux» tandis que le second élément, *gisus*, «ferait partie d'une famille attestée dans le lombard *gisil* «flèche" et dans le germanique *gaiz* de même sens. Les gens du Moyen Âge n'en comprenaient plus le sens. D'où l'étymologie populaire selon laquelle on aurait donné ce nom au héros parce qu'il se trouvait malement dans la forêt avec les bêtes sauvages (Kalbow, *op. cit.*, p.69)» (Ph. Ménard, «Les noms et qualificatifs des génies et des enchanteurs dans les chansons de geste», in *Ce nous dist li escris... Che est la verite. Études de littérature médiévale offertes à André Moisan par ses collègues et ses amis* réunies par M. Lacassagne, Aix-en-Provence, Université de Provence, CUERMA, coll. «Sénéfiance», 2000, pp.179–191: 179). Cf. aussi Ferlampin – Acher, «Larron contre... », p.104.

29  Cf. *Renaut de Montauban. Édition critique du manuscrit Douce*, par J.Thomas, Genève, Droz, 1989, mais aussi *La Chanson des Quatre Fils Aymon*, éd. F.Castets, Montpellier, Coulet, 1909. Comme nous le verrons par la suite, les connotations que le copiste-auteur attribue autant à la magie qu'au vol changent selon les manuscrits et l'époque de référence.

Maugis est présent sur scène aussi dans le *Maugis d'Aigremont*[30]. Dans notre analyse, les épisodes centraux concernent ses potentialités magiques et les études qu'il accomplit pendant un séjour à Tolède; la chanson de geste narre en effet que le noble baron avait étudié «nuit et jour» l'art de la magie, un art qu'il aurait par la suite utilisé pour vaincre les forces du mal. Dans *La Mort de Maugis*[31], le protagoniste ne se réjouit plus de ses singulières qualités de voleur et de magicien, mais, conscient des péchés commis, passe sa vie enfermé dans un sévère ermitage.

La lecture des textes, du *Renaut de Montauban* à *La Mort de Maugis*, nous permettra de mettre en relief ci-après la perception de la magie et du vol, et de quelle façon ces éléments subissent des métamorphoses selon les œuvres françaises et italiennes dans lesquelles ils sont représentés[32].

## Maugis dans *Renaut de Montauban* et dans *La Chanson des Quatre Fils Aymon*: synopsis du contenu

La lecture synoptique des manuscrits du *Renaut de Montauban* révèle que le rôle de Maugis varie selon la chronologie de la version de référence et selon la position différente de la rédaction dans la tradition manuscrite. Il s'agit ici d'une donnée sur laquelle on n'insistera jamais assez, car la mouvance qui caractérise les rédactions de la plupart des chansons de geste nous convainc de souhaiter que l'étude de thématiques ou de personnages se fonde sur des rédactions clairement rangées sur le plan chronologique et clairement configurées dans le domaine de la tradition manuscrite. Bien que la synopsis des versions ne révèle pas toujours des intentions constitutives

---

30 *Maugis d'Aigremont*, éd. Ph. Vernay, Berne, Franke, 1980. Selon l'éditeur, le texte remonterait à la seconde moitié du XIII<sup>e</sup> siècle. Pour des études envisageant aussi des aspects historiques et mythiques, nous renvoyons par contre à *Maugis d'Aigremont, chanson de geste…*, pp. 32–42, et pp. 42–60.

31 Cf. *La Mort de Maugis*, éd. F. Castets, *Revue des langues romanes* 36, 1982, pp. 281–314.

32 «Aucun texte épique médiéval n'a bénéficié d'une telle fortune populaire que *Renaut de Montauban*. Son interxtualité, sa tradition manuscrite, les adaptations en langues étrangères ainsi que la vitalité de ses remaniements incessants attestent le pouvoir de fascination d'un récit qui a connu une longévité exceptionnelle» (S. Baudelle-Michels, «La fortune de *Renaut de Montauban*», *Cahiers de recherches médiévales et humanistes* 12, 2005, pp. 103–114: 103).

précises, à travers les divergences constatées parmi les différents manuscrits nous essaierons tout de même de « capturer » l'évolution du personnage, sa vitalité au fil du temps[33]. Comme le remarque François Suard, l'action de Maugis dépend de la façon dont se déroulent les exploits des quatre frères dans les différentes versions et de la nécessité de son intervention[34].

Commençons par le texte le plus ancien. Le *Renaut de Montauban* est une chanson de geste transmise par quatorze rédactions en vers. Il fait partie du cycle de Doon de Mayence et narre la guerre menée par le roi Charlemagne contre le vassal rebelle, le comte Beuves d'Aigremont, et ses neveux Renaut, Allard, Guichard, Richart et leur cousin Maugis.

Nous savons que Jacques Thomas fit imprimer en 1989 la version vraisemblablement plus ancienne de l'œuvre, qui peut-être était déjà répandue à la fin du XIIe siècle, celle du manuscrit d'Oxford (Bodl. Douce 121) de la première moitié du XIIIe et noté sous le sigle D[35]. L'œuvre est composée d'un prologue, de trois épisodes principaux, le gascon, l'ardennais et le rhénan, et d'un épilogue. D'après les études de Thomas, il apparaît que les versions diffèrent fortement dans le prologue et l'épilogue, tandis que la partie centrale s'aligne sur la même version. Par conséquent, même aux fins de notre analyse, le prologue et l'épilogue sont les parties les plus révélatrices de l'évolution du personnage de Maugis. La deuxième édition sur laquelle nous nous pencherons est celle du manuscrit L, datant d'entre 1350 et 1370 et édité par Ferdinand Castets en 1909, s'intitule *La Chanson des Quatre Fils Aymon d'après le manuscrit La Vallière*.

---

33 Une analyse semblable à celle que nous ferons est celle de Micheline de Combarieu du Grès sur les manuscrits D et L du *Renaut de Montauban*, où l'auteure observe qu'entre les deux rédactions se manifestent des « variations » qui ne touchent ni le « sens » ni la « matière ». Cf. M. de Combarieu du Grès, « Les deux morts de Renaut de Montauban (d'après les manuscrits Douce et La Vallière) », in *Ce nous dist li escris...*, pp. 67–81 : 81.

34 F. Suard, « *Ogier le Danois* et *Renaut de Montauban* », in *Essor et fortune de la chanson de geste dans l'Europe et l'Orient latin*. I. Actes du IXe Congrès international de la Société Rencesvals pour l'étude des épopées romanes, Padoue-Venise, 1984, Modena, Mucchi, pp. 185–202 : 198. Pour un résumé fondamentale sur les questions relatives à l'édition du ms. D, voir F. Suard, « Quelques remarques sur *Renaut de Montauban* (ms. Douce, Oxford, Bodléienne 121) », GREP, Paris IV Sorbonne, 11 décembre 2021 (sous presse).

35 *Renaut de Montauban. Édition critique...*, par Thomas, pp. 9 -14.

Afin de cerner l'évolution du personnage au fil du temps, nous examinerons en premier lieu la version plus ancienne, ensuite la plus récente, tout en les comparant. Il ne reste qu'à préciser en amont que l'intrigue générale est de toute manière la même. Or, pour apercevoir l'évolution de Maugis, il est maintenant nécessaire de s'introduire dans les replis de la narration.

Observons d'abord l'intrigue du *Renaut de Montauban*. Dans le prologue est raconté le refus de la part du comte Beuves d'Aigremont de faire allégeance à l'empereur qui envoie son propre fils Lohier comme messager chargé de lui rappeler son devoir, et dont l'effronterie lui coûtera la vie.

Le premier épisode, dit *ardennais*, s'amorce quand les quatre frères, après avoir rompu l'équilibre des rapports avec l'empereur à cause de son refus de rendre justice à un tort subi par l'un d'entre eux, s'enfuient dans la forêt des Ardennes et construisent un château à Montessor. Assiégés par les troupes du roi, les quatre frères sont contraints de s'enfuir dans un lieu plus sûr; leur cousin Maugis s'unit au groupe[36].

Sous la direction de ce dernier, les quatre frères se rendent en Gascogne, dans l'espoir d'y trouver refuge avant d'atteindre Bordeaux. Mais Charlemagne, après avoir découvert où se trouvent les rebelles, somme le roi Yon de les capturer et de les amener en sa présence. Pendant ce temps, Maugis, à peine rentré d'Orléans – où il avait volé un trésor à Charlemagne –, se met à nouveau à la disposition des Aymonides et ensemble ils quittent la Dordonne.

Charlemagne annonce aux siens la décision de combattre les vassaux rebelles et proclame un tournoi où le vainqueur remportera le meilleur cheval du royaume.

Renaut, Allard, Guichard et Richart partent à Paris dans le but de participer au tournoi et d'ainsi défier le roi. Maugis les accompagne et, pour faire en sorte que Renaut puisse participer sans se faire reconnaître, il

---

36  À cet égard Suard a souligné que Maugis: «Il était absent des péripéties ardennaises: le voici aux côtés de ses cousins dans la plus grande partie des épisodes gascon et rhénan, dont on peut dire qu'il les ouvre et les clôt». F. Suard, «*Renaut de Montauban*: Enjeux et problèmes de la chanson du XIII<sup>e</sup> siècle », in *Entre épopée et légende: les Quatre fils Aymon ou Renaut de Montauban*, sous la dir. de D. Quéruel, Langres, Guéniot, I, 2000, pp. 17–49: 32 (republié maintenant dans F. Suard, *Raconter, célébrer au Moyen Âge. Le lai, la nouvelle, le roman et l'épopée*, Paris, Champion, 2021, pp. 177–204: 190).

le transforme en jeune garçon et change la couleur de la robe du cheval Bayard. Renaut gagne, s'empare de la couronne royale et arrive jusqu'à se railler du roi Charlemagne. Ensuite, l'action se concentre à nouveau sur le beau-frère de Renaut, le roi Yon, objet des pressions de Charlemagne qui insiste pour qu'il lui remette les quatre frères. Pour se décider, Yon réunit son conseil et finit par constater que les barons souhaitent accepter que l'armée de Charlemagne capture les quatre frères au cours d'une embuscade.

Arrivés dans les plaines de Vaucouleurs, là où aurait dû avoir lieu la pacification des relations entre les quatre frères et les troupes de Charlemagne, les barons se rendent compte de l'embuscade de l'armée impériale, mais grâce à l'aide immédiate de Maugis, qui par enchantement endort tous les soldats, celle-ci ne va pas atteindre son but. Toutefois, le conflit se poursuit tant que Richart n'est pas fait prisonnier et condamné à mort par Charlemagne.

L'intervention de Maugis est encore une fois providentielle et permet de conjurer le mauvais sort de ses cousins. Maugis arrive en présence du roi déguisé en pèlerin et réussit à libérer Richart (vv. 9538–9540). Toutefois, le larron-enchanteur tombe dans le piège d'Olivier, mais réussit quand même à s'évader en endormant par l'hypnose ses surveillants et à voler la couronne royale (v. 10508).

Alors que les vassaux souhaitent une réconciliation, la fureur de Charlemagne est telle qu'il ne cède pas. À ce moment-là, Maugis enlève l'empereur et le conduit dans le camp adverse (vv. 10820–10821).

Dans le dernier épisode, l'épisode rhénan, Renaut et ses frères s'enfuient à Trémoigne où se déclenche une bataille contre Charlemagne. Au cours de l'affrontement, Renaut est blessé et Maugis intervient par un tour de magie qui endort les barons et renferme dans un sac Charlot, le fils du roi (v. 12630).

Après de nombreuses péripéties, la paix se rétablit, mais les conditions imposées par Charlemagne veulent que Renaut aille en pèlerinage en Terre sainte et que le cheval Bayard soit supprimé. Le souverain lui-même essaie de noyer le cheval dans la Meuse, mais sans y réussir, car l'animal parvient à se libérer et à retrouver Maugis.

Dans l'épilogue de la chanson, Renaut, pieds nus et mal vêtu, se met en marche vers Brindisi pour faire pénitence et atteindre la gloire spirituelle.

À Saint-Jean-d'Acre, il rencontre Maugis, lui aussi pèlerin, qui lui fait entendre que le roi de Jérusalem aurait besoin d'aide pour lutter contre le Sultan. Renaut accepte la proposition et après la victoire contre les infidèles, tous deux font retour à Trémoigne. Par la suite, Maugis décide de conduire une vie de prière jusqu'à sa mort, qui surviendra sept ans plus tard. Renaut, quant à lui, part à Cologne, où il sera tué ; une lueur, qui se dégage alors de son corps, attire l'attention de l'évêque si bien que Renaut est reconduit à Trémoigne et reconnu comme saint (vv. 14309–14310).

Afin de cerner de plus près l'histoire de Maugis, il faut tout d'abord préciser que le manuscrit D est acéphale et ne commence qu'en correspondance du vers 705 de l'édition. Pour combler ce manque, Jacques Thomas décide d'utiliser la version chronologiquement et typologiquement plus affine à D, c'est-à-dire la rédaction du manuscrit P (Cambridge, Peterhouse 2.0.5). Dans cette version, datable de 1275 environ, donc postérieure de quelques dizaines d'années au ms. D, Maugis apparaît pour la première fois au moment où tout jeune il reçoit avec ses parents le fils de l'empereur qui a le mandat de reconduire à l'obéissance son père Beuves d'Aigremont :

540 Et Amaugis ses filz qui li joe devant :
541 Il avoit bien .xx. anz, par le mien escient,
542 Il harpe et si vielle, assez sot d'estrument,
543 Et de l'art de Tolete sot il d'enchantement,
544 Par dedevant son pere fet maint mestriement.

Comme tous les nobles, le jeune Maugis a été instruit aux arts libéraux. Les connaissances acquises se configurent donc comme un ensemble de compétences qui croissent au fil du temps et sont subordonnées à la nécessité d'une étude constante.

En effet, Maugis ne naît pas magicien, mais le devient grâce au savoir, au processus d'apprentissage. Par ailleurs, dans de nombreuses occasions, il expose son grand savoir, et démontre sa maîtrise des éléments reconductibles à l'art médical et à la pharmacopée, tels que l'emploi d'herbes et de potions.

Pour mieux saisir le rôle de ce personnage, sa bonne fortune au fil du temps et sa présence dans de nombreux poèmes épiques, nous devons nous pencher particulièrement sur ce savoir magique issu d'une formation rigoureuse et sur son assiduité aux études vues comme caractéristique de noblesse.

Une deuxième donnée qui émerge de l'intrigue et que nous retrouverons à plusieurs reprises concerne l'emploi que Maugis fait du déguisement. Cette attitude est tout à fait humaine, car Maugis modifie sa physionomie simplement en se frottant le visage avec une herbe, moyen complètement naturel, ou en blanchissant la robe de Bayard ou encore en rajeunissant Renaut :

4925 D'une part del vergier en a Renaut mené,
4926 Et prist une chiere herbe qui mult out de bonté,
4927 Au pont del brant d'acier a l'erbe pestelé,
4928 D'eve et de vin l'a bien richement destrempé.
4929 Et quant il out ce fet n'i a plus demoré,
4930 Venuz est a Bayart qui mult out de bonté,
4931 Si li frote mult bien le flanc et le costé :
4932 Lors fu le cheval blans come flor en esté.
4933 Il n'avoit en cest monde nus hon de mere né
4934 Quant tant l'eüst toz dis veü ne esgardé
4935 Qui le reconeüst en trestot son aé.
4936 Puis en a oint Renaut et del lonc et del lé,
4937 Et quant il out ce fait, estes le vos mué :
4938 En l'aaje de .xii. anz l'a tot renovelé.

À vrai dire, dans les versions plus anciennes de l'épisode ardennais, on ne retrouve pas de véritables tours de magie. Quoi qu'il en soit, les barons qui ont assisté à ces événements attribuent une valeur bien différente aux agissements naturels de Maugis. Dans le style hyperbolique typique des chansons de geste, ils finissent par acclamer : « Amaugis est faé ! » (v. 4949).

Même dans le deuxième épisode, l'épisode gascon, nombreuses sont les occasions où il est possible de trouver de soi-disant « actes magiques » qui, en réalité, ne correspondent pas à notre conception de la magie. Par exemple, dans l'épisode de Vaucouleurs, lorsque les quatre frères sont sur le point d'être confiés à Charlemagne, l'enchantement de Maugis se concrétise dans une hypnose qui finit par endormir la suite du roi Yon[37] :

---

37 « Maugis est un combattant à part entière, qui sauve la vie de ses cousins à Vaucouleurs ; ce n'est donc pas un auxiliaire que ses connaissances dans l'art

7614 Donc commença .i. charme a basete raison,
7615 Que toz sunt endormiz la gent au rois Yon.

Toujours dans l'épisode gascon, au cours d'une féroce bataille où Richart est gravement blessé, sa guérison est racontée comme étant un acte naturel, obtenu grâce à des herbes ou des potions, sans qu'il n'y ait aucune interférence surnaturelle:

8096 Maugis vint a Richart qui fu en grant dolor,
8097 Les plaies li lava environ et entor,
8098 Puis li ovre la boche li noble poingneor,
8099 Une poison li mist el cors de grant valor,
8100 Et tantost com Richart en senti la freschor,
8101 Il est sailliz en piez, ne sent mal ne dolor.

L'art de Maugis nous apparaît donc comme résultant d'une technique qui n'exploite que des ressources naturelles, sans faire aucunement appel à des aspects surnaturels inquiétants, comme ce sera le cas plus tard, dans la tradition italienne de la Renaissance.

Un autre passage lié au domaine de la magie est celui où l'on voit la transformation physique de Maugis de baron en pèlerin:

8941 Il vint a son ostel, tot droitement el borc.
8942 Iluec se desarma Amaugis le baron,
8943 Il osta la chemise, n'out chauce ne chauçon,
8944 Tot nu se despoilla Maugis le vaillanz hon;
8945 Aprés se tainst d'une herbe, noir fu come charbon,
8946 Il prent une esclavine et .i. grant chaperon,
8947 Et paumes et escrepe et .i. ferré bordon,
8948 De Montauben issi par la porte Foucon.

Dans ces vers, on détaille les trois moyens employés: un chapeau noir, une cape et une démarche claudicante; de plus, Maugis a un œil fermé et l'autre ouvert.

---

magique situeraient nettement à l'écart des autres; à cet égard, on ne peut pas parler d'enchanteur, au sens où cela supposerait un statut spécial du héros ». Cf. Suard, «*Renaut de Montauban...*», p.32.

8955 A .ii. mains s'apoia sor son ferré bordon,
8956 De l'un pié jusqu'a l'autre va clochant del talon,
8957 Et tenoit l'un oil clos et l'autre overt amont.

Quelques vers plus loin, le roi énumère les déguisements utilisés par Maugis. Comme nous pouvons le constater, les transformations en mendiant, jeune, moine, clerc, chevalier, baron et prédicateur sont toutes des mutations liées à des agissements humains et jamais à des personnages ou objets imaginaires.

8964 Ja ne creirai paumier por Maugis le larron:
8965 Maint damage m'a fait et mainte mesprison.
8966 Quant il veut s'est paumier, et quant il veut garçon,
8967 Quant il veut si est moine, et quant il veut clergon,
8968 Quant il veut chevalier, et quant il veut baron,
8969 Quant il veut sarmonnier, il n'a meillor el mont.

Le premier épisode où Maugis se déguise en pèlerin se déroule précisément lorsque le larron-enchanteur veut avoir des nouvelles de Richart qui a été pris en otage et mené à Charlemagne. Le roi, au premier abord, se méfie du pèlerin, car il pense se trouver face à un énième tour de Maugis, mais après la narration du vol et des coups que le pèlerin (Maugis) feint d'avoir reçus de Maugis, il change d'opinion:

8987 Il me sacha del dos mon hermin peliçon,
8988 Par Deu, ne me laissa ne chauce ne chauçon!
8989 Diex li dont si grant mal come nos voldrïon!
8990 Amaugis me jeta en .i. espés boisson,
8991 Culovres et lisardes i voit a foison,
8992 Encor en ai enflé le vis et le menton.

Les autres épisodes où Maugis se déguise surviennent lorsque le larron-enchanteur, après avoir réalisé un enchantement au roi, prend l'apparence d'un pèlerin pour aller en ermitage (vv. 10841–10843), et lorsque Maugis se rend auprès de Charlemagne et que, sous le nom de Raquet, il se fait prendre pour un fou, grâce à une herbe noire comme le charbon qu'il se frotte sur le visage et le corps.

12518 « Et con as tu a nom? garde ne me noier.

12519 Je cuit tu es Maugis qui me viez engingnier.
12520 Sire, j'ai nom Raquet, ja celer nel vos quier.
12521 Paien m'ont asoti et m'ont fait esragier ».

Sa condition de folie finit par recueillir de la sympathie et Maugis-Raquet
réussit à rester dans le campement :

12524 Il parla folement, mult i out geus et ris,
12525 Ses folies fesoit, mult s'en est entremis :
12526 Tantost les enchanta en charmes et en dis,
12527 Meïsmes Karllemaigne s'en est mult esjoïz.

On le voit, Maugis démontre ainsi des habiletés humaines déjà amplement connues de la littérature ancienne : l'astuce, le talent et la vocation
à fabuler[38].

D'après le contexte où œuvre Maugis, sa fonction anti-impériale, qui
s'exprime par la ridiculisation de Charlemagne à travers « une puissance
destructrice »[39], est tout à fait évidente.

Toujours dans l'épisode gascon, Maugis, prisonnier dans le camp de
Charlemagne, endort à minuit pile le roi et ses pairs, et leur ôte leurs symboles du pouvoir, respectivement la couronne et les épées.

10502 Donc commence son charme Maugis sanz demorrer :
10503 Tot issi com il peut son visage torner,
10504 Sont Franceis endormiz, ne s'en porrent garder ;
10505 Meïsmes Karllemaigne fist en .i. lit verser,
10506 Tant fort le sout Maugis souduire et enchanter.
10507 Amaugis lors commence forment a conjurer :

---

38  Comme souligne Sunderland «Maugis's nickname –the 'good thief' encapsu-
lates the inversion of ethical categories in the text; he steals not out of greed
or avarice but to challenge a corrupt hierarchy [...[Throughout the text, his
magical powers open up an exceptional space of questioning». L. Sunderland,
*Rebel Barons. Resisting Royale Power in Medieval Cuture*, Oxford, University
Press, 2017, p.91.
39  A. Labbé, « Un repas ridicule dans *Renaut de Montauban* : Maugis servi
par Charlemagne », in *Banquets et manières de table au Moyen Âge*, Aix-
en-Provence, Université de Provence, CUERMA, coll. « Sénéfiance », 1996,
pp. 319–335 : 327.

10508 Charchanz, buies et clés commencent a voler.
10509 Puis vient a Karllemaigne sel prent a sozlever,
10510 Joiose li desceint, qu'il en voldra porter,
10511 A Rollant Durendal, Olivier Hautecler,
10512 Et la Cortain Ogier, et puis a toz li per.
10513 Il en vient a l'aumaire, bien la sout desfermer,
10514 Et a pris la corone qu'il en voldra porter,
10515 Les pierres en valoient .v.c. mars d'argent cler,
10516 El pan de sa chemise l'ala Maugis noer.

Cependant, un aspect intéressant permet de décrypter les contours et la physionomie de ce personnage : avant son départ Maugis réveille Charlemagne, car il souhaite se faire congédier pour ainsi rester fidèle à son statut de chevalier loyal.

10517 Puis si a pris d'une herbe, Karlles prist a froter,
10518 Et Karlles si commence tantost a deschanter :
10519 « Sire, a vostre congié ! dist Amaugis li ber.
10520 « Ersoir vos di je bien, quant vint a l'avesprer,
10521 « Que ge ne m'en iroie sanz congié demander ».

Le principal objectif lié au personnage de Maugis se découvre par le fait qu'il finit par restituer aux Français tout ce qu'il leur avait dérobé («La corone et les brans volentiers vos rendron » v. 10627). Même dans ce cas, l'acte « magique » est voué à l'obtention d'un effet comique : la sacralité royale se trouve ici irrémédiablement compromise (vv. 10626 - 10647). Il s'ensuit une progressive érosion de l'image autoritaire de l'empereur, conformément à la crise qui caractérise cette figure dans les chansons de geste à partir de l'époque classique ; en même temps se manifeste le caractère fortement subversif de Maugis, en parfaite harmonie avec le style des chansons des vassaux rebelles[40]. Selon Roblin, Maugis arrive même à se substituer à Renaut dans la personnification de la lutte contre l'autorité impériale[41]. Si par exemple le baron rebelle refuse de rendre hommage à

---

40 Cf. Sunderland, *Rebel..*, pp. 54–58.
41 Cf. Roblin, « L'enchanteur et le roi... », pp. 117–132 et en particulier Baudelle-Michels, « La fortune de *Renaut de Montauban...* », p. 106, où l'on parle de « la crise de la figure royale » et du « conflit entre la légitimité individuelle de

l'empereur, il se range cependant à l'intérieur des règles du code féodal ; par contre, les actions subversives de Maugis résultent clairement comme étant hors la loi, et il devient ainsi la grande obsession de l'empereur, qui est constamment trompé et ridiculisé.

Le rebelle du *Renaut de Montauban* est donc Maugis, plutôt que Renaut, le héros principal qui guide les vassaux[42]. Si l'on plonge davantage dans l'intrigue, nous observons que Renaut est le héros qui tout en se rebellant, est toujours loyal et fidèle à l'empereur. En effet, le baron œuvre sans relâche pour se réconcilier avec l'empereur, mettant en relief ses valeurs d'humilité, d'esprit de sacrifice et de piété, rétablissant ainsi l'ordre entre le haut et le bas, l'empereur et le vassal.

Successivement, pendant la nuit, le larron-enchanteur monte en selle sur son cheval Bayard et quitte la ville pour se diriger vers le champ de bataille de Charlemagne. Par la magie, il réussit d'abord à hypnotiser l'armée du roi, puis à enlever le souverain.

10820 Maugis vint a Karllon, prent le a sozlever,
10821 Karlles ne pout mot dire ne ne pout mot soner,
10822 Sor Bayart le charga, prent soi a retorner.

Après s'être fait promettre des quatre frères de respecter le prisonnier et de ne pas le tuer, il s'habille en pèlerin et part en ermitage.

Un autre épisode qui illustre le caractère naturel de la magie que réalise Maugis se trouve encore dans l'épisode gascon. Ici, ce n'est plus Maugis lui-même que l'on voit exercer l'acte magique. En effet, après s'être retiré en ermitage, il est question de comprendre comment annuler l'enchantement qui a frappé Charlemagne, c'est-à-dire trouver l'antidote qui réussira à le réveiller. Les potentialités magiques, dans cet épisode, ne résident pas dans

---

la révolte et son illégitimité sociale ». Dans la même optique Barachini aussi déclare que « l'autore del *Renaut* non solo non vede prospettive nell'azione dei ribelli, ma sembra a tratti dubitare dell'assennatezza della ribellione stessa che mette in crisi l'intero sistema e che alla fine dovrà essere espiata ». G. Barachin, «Ogier e Renaut: riesame delle interferenze», *Critica del testo* 20, 2017, pp.137–181: 180.

42  Même s'il est indéniable d'admettre que « le seul véritable portrait de rebelle de la chanson » soit celui de Beuves. Suard, «*Renaut de Montauban*: …»», p.27.

celui qui exerce la magie – n'importe qui soit-il – mais plutôt dans l'objet lui-même, c'est-à-dire l'herbe :

10986 Une herbe en avoit traite qui mult out grant vertuz.
10987 Naymes au roi la touche, et il est sailli sus,
10988 Entor lui regarda, voit qu'il est deceüz.

Il en ira de même quand, pour soigner Allard, on appellera un médecin qui pratique cette discipline de guérison (vv. 11667–11674).

Toujours en suivant le modèle utilisé ci-dessus, passons maintenant à l'épisode rhénan, où nous allons voir que l'acte magique est repérable en une seule occasion.

Le dernier événement magique se trouve, dans cet épisode, lorsque Maugis apprend le nouvel affrontement des quatre frères à Trémoigne et décide d'abandonner la vie d'ermite pour leur prêter à nouveau son aide. Une fois qu'il les a rejoints, il endort les barons par un enchantement puis capture, ligote et enferme dans un sac Charlot, le fils de Charlemagne. Cet enlèvement apparaît encore plus grave que celui de Charlemagne, car il se passe dans des conditions bien plus violentes.

12632 Maugis vint a Kallot que Kalles engendra,
12633 Les jambes et les piez maintenant li lia,
12634 Et quant il out ce fait en .i. sac le bota,
12635 As braz que il out fort en son col le leva,
12636 Maintenant ist de l'ost, a Tremoine s'en va.

Suite à ce geste, Maugis, s'étant repenti de cet excès, décide de se rendre à nouveau en ermitage et c'est dans cette condition qu'il mourra.

Passons maintenant à la version plus récente, *La Chanson des Quatre Fils Aymon* : « Atant es vos Maugis, ki preus e et senes » (v. 3643).

La rencontre de Maugis avec ses cousins, les quatre fils Aymon, qui sont en train de quitter la demeure paternelle, est à la base d'une série d'aventures et de vicissitudes qui se dérouleront dans une lutte commune et constante contre le pouvoir impérial de Charlemagne.

Rentrant d'Orléans, où il a volé un trésor (vv. 3645–3646) et quatre bêtes de somme chargées d'or et d'argent, Maugis se met à la disposition des fils Aymon comme guide. Ils décident de se rendre à Paris au tournoi organisé par Charlemagne qui veut trouver un cheval digne de son neveu

Roland. En cette circonstance, le larron-enchanteur prépare une potion à base d'herbe blanche délayée dans de l'eau froide et du vin blanc, et peut ainsi blanchir la robe de Bayard : il transforme aussi Renaut en un jeune homme de quinze ans (vv. 4801–4807).

À la cour de Charlemagne, Renaut se fait démasquer, à la suite de quoi il retourne à Montauban avec Maugis. L'empereur assiège la ville et oblige le roi Yvon à l'obéissance : il le persuade de convaincre ses barons de trahir les fils Aymon. Maugis tombe prisonnier de Charlemagne : l'empereur en est heureux, mais le larron-enchanteur, avant de se libérer, le dépouille : « Enbla Maugis le roi an. II. ses esporons / Et la (rice) corone ki fu d'or arabon ; / Si li desceint Joiose de senestre geron » (vv. 5202–5204).

Entre-temps, le roi Yvon, d'accord avec la volonté de l'empereur, tend un piège à l'encontre de Renaut et de ses frères en faisant semblant de vouloir favoriser leur réconciliation avec Charlemagne.

La trahison d'Yvon est découverte par Maugis qui intervient avec un enchantement. Il endort les barons de la cour et réveille seulement ceux fidèles à Renaut, pour ainsi courir aider les fils Aymon déjà arrivés sur le lieu de l'embuscade ; ces derniers, en se rendant compte du piège, invoquent le Christ et espèrent une providentielle intervention de leur cousin.

L'arrivée de Maugis ouvre à une âpre lutte contre le baronnage de Charlemagne. L'attaque du valeureux baron anéantit les défenses impériales, même les fils Aymon sont blessés, en particulier Richart. Le noble voleur annonce pouvoir guérir celui-ci à condition que Renaut lui fournisse en échange sa collaboration pour attaquer l'empereur dans sa tente. La guérison advient grâce à l'administration d'une *sainte puison* (v. 8299) qui soulage immédiatement Richart.

Dans l'épisode suivant, où Richart est capturé par Roland au cours d'un énième affrontement entre groupes rivaux, le gentil voleur promet aux fils Aymon de libérer leur frère. Il se déguise en pèlerin, après avoir avalé une herbe qui le fait gonfler et le rend méconnaissable. Il va de la sorte chez Charlemagne qui, croyant voir en lui un mendiant, veut lui donner de l'argent, mais Maugis refuse. Après avoir appris où Richart est retenu prisonnier, le baron organise sa délivrance.

Au cours de cette narration, Maugis est capturé par Olivier, mais il arrive à s'échapper de la prison grâce à un enchantement. Après ces événements, il décide de se retirer de la vie militaire et de vivre en ermite, mais cette solution ne le convainc pas entièrement et au bout de quelque temps il est poussé par le désir de retrouver les quatre frères. Sur son chemin, il rencontre des marchands qui se plaignent d'avoir été dérobés. Maugis prend leur défense, retrouve les voleurs et les tue. La vaillance qu'il montre dans cet affrontement convainc les marchands qu'ils ont reçu une aide divine.

Dans la suite, Maugis et Renaut s'engagent dans la guerre contre les Sarrasins. Dans ce but, Renaut abandonne toute autre préoccupation. Sa rencontre avec Maugis lors de son pèlerinage et son implication dans la guerre contre les Sarrasins, sollicitent sa valeur guerrière et le désir de revanche. Après la victoire sur les infidèles, tous deux retournent à Trémoigne où, entre-temps Clarice, l'épouse de Renaut, est morte. Le chevalier décide de mener une vie solitaire. Même Maugis pendant sept ans mène une vie de prière, puis meurt au huitième fleurissement de Pâques.

Penchons-nous maintenant sur les aspects de la personnalité de Maugis qui contribuent à rendre plus complet le contexte où nous effectuerons nos analyses. La valeur guerrière qui lui est souvent attribuée par d'autres protagonistes et les qualités exprimées par des adjectifs comme *preus, cortois, fiers* donnent l'impression d'un ton général qui investit positivement le protagoniste. En outre, son rôle est constamment peint comme essentiel dans la bonne réussite des vicissitudes successivement rencontrées, non seulement quand il s'agit d'actions guerrières où il se porte au secours des quatre frères[43] mais aussi dans les menus événements qui font son importante renommée et où il apparaît comme le personnage le plus riche en caractéristiques positives.

Confiants, les fils Aymon se laissent guider par Maugis qui, par ses enchantements, contribue à les empêcher de s'effondrer, même dans les situations les plus désespérées. C'est le cas lorsqu'il suggère de fortifier et renforcer la ville afin de s'opposer à l'attaque de Charlemagne et cela sans jamais se décourager (vv. 5313 ss.). À ce propos, l'on remarque de nombreux subjonctifs exhortatifs et impératifs adressés aux quatre frères. Même pendant les combats, Maugis dévoile son grand courage, toutefois

---

43  Dans l'épisode de la trahison de Vaucouleurs, les fils d'Aymon commencent à espérer d'avoir la vie sauve seulement lorsqu'ils voient leur puissant cousin. Cf. vv. 7701 et suiv.: « Or vos oi nomer Maugis le fort larron. / Ce me fu or avis or ce fu avisiom ? » / « Par foi, dist Renaus, orendroites l'aurom ».

accompagné par une certaine crainte de la défaite. Nous considérons ce fait important, car il indique que la magie pour Maugis n'est pas une qualité établie de sa personnalité et dont il peut disposer à n'importe quel moment de sa vie. Notre personnage ne semble pas trop particulièrement absorbé ou préoccupé par la magie, entendu comme un domaine de potentialités inconnues à la perception humaine : la magie, au contraire, apparaît liée à l'exaltation de sa valeur, car elle lui a été attribuée pour son *cuer fermé* (v. 11613), c'est-à-dire pour son courage.

Concernant plus particulièrement le discours sur le vol, on peut collationner beaucoup d'expressions qui désignent le protagoniste en tant que lié à cette action, telles que *fort larron*, *plus mostre larron*, *nobile larron*, ou encore *bon larron prové*. Toutefois, ici aussi il y a recours à la contradiction, comme nous l'avons vu ci-dessus. Au terme « voleur » est associée une qualification qui semble nier la connotation négative implicite du lexème employé. De plus, les épisodes qui montrent Maugis en mouvement sont tous concentrés en direction de l'empereur. Les éperons, la couronne, l'épée *Joiose* et le destrier aragonais *Broieguerre* sont le résultat de vols qu'il a commis. Mais lorsque, déguisé en pèlerin, il arrive à la tente de l'empereur, il refuse l'argent qu'on lui offre[44]. Nous ne nous trouvons pas face à un simple voleur, car Maugis ne cherche nullement à « profiter » de la situation chaque fois qu'il en a l'occasion. Dans un autre épisode, il semble toutefois faire preuve d'une apparente avidité de richesse : avec Renaut il parle de trente livres que l'empereur lui aurait données et qu'il voudrait

---

44 L'épisode est celui de la tentative que fait Maugis de libérer Richart prisonnier de Charlemagne. En cette circonstance, Maugis attire l'attention de l'empereur en racontant avoir été ruiné par le larron Maugis qui, après lui avoir donné un coup sur la tête, l'a volé. L'impression et la commotion prouvées par les Français, suite à la narration, poussent le roi à lui donner « XXX livres li fait donner de deniers bons » (v. 9578) que toutefois Maugis refuse. Celui-ci en effet répond : « Retenes vos deniers, ja mestier ne m'auront » (v. 9591). Nous remarquons ici l'unique cas, bien qu'« inventé » par le protagoniste, de celle qui semblerait une aptitude de Maugis envers le vol indiscriminé ; mais il s'agit seulement d'un tour amusant joué à l'empereur, ainsi qu'une stratégie pour sceller une alliance fondée sur la commune rancœur envers le voleur.

prêter à usure pour empocher un gain[45]. Toutefois, dans ce cas, il semble que le chevalier veuille plaisanter avec son cousin Renaut, trop préoccupé par le sort de son frère. Pendant un moment, ce dernier se méprend sur le comportement de Maugis et l'invective avec violence en le qualifiant de « traître » et en lui reprochant de préférer l'argent au salut de Richart. Mais l'altercation a une issue positive scellée par les mots de l'auteur qui conclut : « Molt par fu preus Maugis, molt ot bele raison / Por alever tos ceus qui de sa geste sont » (vv. 9877–9878).

Semble ici émerger une « échelle de valeurs », qui bien sûr ne coïncide pas avec la nôtre. À l'intérieur de la féodalité, sauvegarder le lien du sang qui établit la relation de parenté au niveau seigneurial devient l'obligation principale face à laquelle la qualité morale des moyens employés pour l'obtenir perd en partie son importance[46].

En outre, l'on observe que l'action de voler n'est jamais dirigée vers les pauvres, car Maugis est par principe contraire au vol : cela est confirmé aussi par le fait qu'il administre lui-même une justice sommaire à l'égard de certains voleurs qui avaient dérobé des marchands qu'il connaissait[47]. Le baron estime en effet qu'il convient de punir ceux qui ne sont pas sujets à la loi divine[48].

---

45 Cf. vv. 9809 ss. : « Je ai çi XXX livres que me dona Charlon, / Les metrai à usure, si i gaaigneron. / Ains III ans serons riche, se nos eür avon, / Ja n'aions nos del vostre vaillant I porion ».

46 Voir à ce propos le duel acharné entre Maugis et Ogier qui a trahi Renaut alors qu'il était du même lignage (vv. 7764–7785). À ce sujet cf. J. Le Goff, *La civiltà dell'Occidente medievale*, Firenze, Sansoni, 1969, p. 303.

47 Cf. vv. 9875 ss. « N'ot plus maistre larron desi à Besençon, / Mais ainc n'embla vilain vaillant I esperon. / Molt par fu preus Maugis, molt ot bele raison / Por alever tos ceus qui de sa geste sont ». Philippe Verelst, dans sa recherche sur Maugis et les larrons-enchanteurs dans l'épopée, observe que les vols qu'ils commettent ne sont pas de véritables crimes. Au contraire, notamment pour Maugis, Verelst remarque qu'il est bien spécifié que celui-ci ne vole pas aux pauvres, mais seulement aux riches, et pas vraiment pour le butin, mais surtout pour les ridiculiser. Cf. Verelst, « L'enchanteur... », pp. 123–124.

48 « Quant Maugis ot le lerre qui vers Diex nest anclin, / Adonc sailli par ire d'autre part lo chemin, / Si leva sa potente qui fu d'un aubespin, / Lo maistre lerre fiert parmi lo chief enclin, / Lo test li fist brisier com se ut fust un puscim ; / Et Maugis passe avant (au corage enterin) ; / As larrons s'anbatie, sí en fist tel traîn / Que .V. en a ocis et mis à male fin » (vv. 14311 ss.). Maugis veut donc

Les jugements de Charlemagne sur celui qu'il appelle le *fort traître* sont éclairants pour comprendre que le conflit qui traverse l'œuvre ne jaillit pas d'un mépris moral, mais au contraire se fonde simplement sur son désir de capturer ce traître[49].

Les adjectifs qui accompagnent les lexèmes *traître* et *larron* viennent atténuer et presque contredire le sens de condamnation que l'empereur exprime par ceux-ci. L'attitude de Charlemagne vis-à-vis du baron-voleur est exemplifiée par le discours qu'il tient avec Richart lorsqu'il est retenu en captivité : « Miels vaut, dist Charlemaignes, certes, Maugis, de toi, / Certes plus dout je lui que homme qui vis soit » (vv. 9745–9746). Il ne s'agit donc pas d'une considération négative, mais plutôt d'une raisonnable crainte.

Un autre épisode met en lumière les idées de Maugis à propos du vol. Lorsque, pendant un affrontement armé, notre personnage est capturé par Olivier il révèle sa peur d'être puni « comme » un voleur : « Que ne me rendres mie à Charlon l'aduré / Se me rendes à lui, je suis mors et finés, / Et pandus par la geule, comme lerres provés » (vv. 11200–11203). Même chez Maugis subsiste la vigile conscience de vouloir éviter une possible confusion entre sa personne et un voleur commun. Les considérations exposées jusqu'à présent sur le vol ont souligné que les épisodes de détournement sont liés à des circonstances précises et à des objectifs déterminés qui induisent à mitiger n'importe quel jugement de condamnation de ses actes.

L'action du protagoniste se déroule avant tout à l'occasion de la trahison de Vaucouleurs, lorsqu'il doit endormir la suite du roi Yvon pour pouvoir secourir les fils Aymon. « Lors commence son charme Maugis li bons larrons / Maintenant endormirent la gent trestot entor » (vv. 7603–7604). Qu'il ne s'agisse pas d'un sortilège aux finalités négatives est démontré par le fait que même les guerriers fidèles à Renaut s'endorment et que le baron ne les réveillera que par la suite pour les conduire au champ de bataille.

---

mettre un terme à cette action méchante. Ce sont les marchands volés qui, vu le massacre, disent entre eux : « Ci a bon pelerin. / Ge (i) metroie ja que ce est saint Martin » (vv. 14328–14329).

49 C'est la « sacralité » de Charlemagne que ici est compromise. Cf. Labbé, « Un repas ridicule… », p. 331.

Une autre situation que Maugis résout par un enchantement advient lorsqu'il est prisonnier de Charlemagne et que son unique chance de se libérer est de recourir à la magie.

11613 « Et commence son charme qu'il ot par cuer fermé.
11614 Tot issi com il a son visage torné,
11615 Sont endormi François contreval par le tré »

Même dans ce cas, Maugis n'utilise pas de potions magiques ou de tours insolites. Tout porte plutpot à penser ici à un effet hypnotique. La magie de Maugis ne serait donc ainsi qu'une augmentation de ses potentialités humaines, des potentialités qui restent dans la sphère du naturel sans qu'il y ait recours à des procédés magiques constitués de figures et de trans-formations invraisemblables. Par ailleurs, c'est Charlemagne qui réussit à réveiller les douze paires de l'enchantement grâce à une herbe appelée *ansioine*; preuve donc que le « pouvoir » recelé dans un objet n'appartient pas exclusivement à une personne. Même face à une telle magie, il est difficile de se sentir autorisés à formuler des hypothèses de déviance de la norme et d'énoncer des condamnations. Du reste, il s'agit d'un art qui tisse des relations avec la médecine, une autre dimension magique à laquelle recourt l'intervention de Maugis étant celle de la guérison miraculeuse.

À ce propos, l'épisode de la guérison des quatre fils Aymon, notamment de Richart, est très important. Ses conditions désespérées se comprennent à partir de la description du foie et d'un poumon qui sortent de ses bles-sures (vv. 8269–8270). En cette occasion, Maugis lave les blessures avec du vin blanc et utilise un onguent *mervellos* qui les cicatrise, ensuite il fait ingérer au blessé une *sainte puison* qui le guérit complètement. L'acte magique semble donc être une simple médication; d'ailleurs, la description des graves conditions de santé de Richart obéit à une logique d'« amplifi-cation narrative » qui vise à souligner le succès du présumé acte magique en insistant sur des conditions de santé qui apparaissent si graves qu'elles légitiment une intervention de ce type[50]. Le déroulement de l'épisode nous amène à un concept de magie qui ne s'oppose pas ouvertement à l'en-semble des pouvoirs humains, et se configure comme l'explicitation d'un

---

50 Cf. vv. 8268–8270 : « La bocle ot fremée sor l'ermin peliçon; / Par la plaie li pert le foie et le poumon. / Ses plaies a tantées entor et environ ».

acte positif légitimé par l'aide divine. Dans la narration, les invocations à Dieu autant de la part des protgonistes que de ceux qui commentent les vicissitudes, sont en effet récurrentes.

Même la magie exercée à travers le déguisement apparaît comme un aspect du merveilleux qui intéresse Maugis, liée par exemple à l'emploi d'herbes qui le rendent plus ou moins gros ou mince. L'emploi des herbes montre que le « réservoir » des tours de magie de Maugis est la nature même. Il recourt toutefois à d'autres expédients, comme un gros chapeau sur la tête, le mouvement des yeux vers l'arrière et une allure chancelante, des procédés qui sont fonctionnels par rapport à la transformation en question. L'emploi de ces tours a lieu pendant l'épisode de la captivité de Richart, une situation où les aspects « magiques » consistent surtout en des habiletés et des tours spécifiquement humains ; ce qui trouve sa confirmation dans les mots de Charlemagne lorsqu'il énumère les déguisements de Maugis : il se déguise en mendiant, en homme valeureux, en chevalier, en prisonnier et en prédicateur (vv. 9516–9518).

Dans les chansons de geste examinées, la magie de Maugis est donc toujours connotée positivement, soit-elle est exercée avec la bénédiction de Dieu, ou fonctionnelle à sortir d'une situation insoutenable où les forces humaines n'ont plus aucun pouvoir, ou encore qu'elle vise à guérir les blessures des camarades d'armes.

C'est peut-être aussi pour cela que l'art de la magie de notre larron-enchanteur n'est en aucun cas l'objet d'une condamnation morale ; en substance, son art exploite des potentialités naturelles qui passent entièrement par la sphère de l'humain.

Ainsi, comparant les deux narrations, celles du ms. D et du ms. L, qui ont plus d'un siècle d'écart, il ressort clairement que dans la version plus ancienne le profil humain et familier de Maugis est plus développé, car on y insiste particulièrement sur ses qualités humaines : c'est le cas lorsqu'il est représenté avec ses parents – son aspect humain ici est narré en profondeur – mais aussi lorsqu'il est en proie à un immense désespoir à la suite de l'assassinat de son père Beuve. Ces deux épisodes ne sont pas présents dans le ms. L.

Une autre particularité est que, dans la version plus récente, Maugis apparaît sous des dehors plus agressifs et qu'il s'affiche notamment comme voleur en train de dérober un véritable trésor à Charlemagne

(vv. 3645–3646). Par rapport à la version plus ancienne, le butin est ici bien plus important.

Cette amplification, nous pouvons facilement l'imaginer, concerne aussi les actes magiques qui se différencient d'une version à l'autre par le seul crescendo de précisions mineures. Par exemple, dans la rédaction plus ancienne, Renaut est transformé en jeune garçon de treize ans, tandis que dans la plus récente il en a quinze; dans le premier cas, pour préparer sa potion Maugis délaie l'herbe avec de l'eau, tandis que dans le deuxième, il s'agit toujours d'eau, mais froide; ou encore, dans la rédaction plus ancienne, la médication est décrite de manière bien moins articulée (vv. 8096–8101) par rapport à l'autre, car dans cette dernière au nettoyage de plaies s'ajoute l'emploi d'un onguent (vv. 8292–8301). Nous constatons qu'il ne s'agit le plus souvent que de petits ajouts en accord avec les techniques habituelles de remaniement des textes épiques qui ne nous précisent rien de vraiment essentiel sur Maugis.

Même le déguisement suit cette logique : tandis que dans la rédaction plus ancienne le personnage s'enduit simplement le corps d'une herbe (vv. 8941–8947), dans la rédaction plus récente Maugis amplifie le résultat du déguisement en utilisant une herbe qui le noircit et le gonfle (vv. 9481–9489). Si, par exemple, nous vérifions l'évolution des déguisements-mutations de Maugis dans le ms. D (vv. 8966–8969), nous remarquons que l'on parle de *paumier, garçon, moine, clergon, chevalier, baron, sarmonnier,* tandis que dans le ms. L les termes concernant la clergie sont moins nuancés (vv. 9516–9518) et l'on ne parle que de *paumiers, preudon, chevalier, prison, sermoneres.* Nous tenons à souligner que ces comparaisons ne sont pas toujours indicatives d'une volonté de remaniement de la part de l'auteur-copiste; toutefois, il s'agit de pistes qui permettent – quand cela est possible – de suivre de près l'évolution du personnage qui dans ce cas conserve l'élément humain et non fantastique comme dénominateur commun de toutes ces mutations. Cette amplification, tout en étant modeste par rapport au probable antigraphe, restitue aux lecteurs contemporains une idée des attentes du public à l'égard de la transformation toujours plus évidente de Maugis.

Une donnée qui devient assurément plus récurrente dans la version plus récente est celle qui qualifie Maugis comme voleur, bien que l'on y précise que:

9876 Mais ainc n'embla vilain villant .i. esperon.
9877 Molt par fu preus Maugis, molt ot bele raison
9878 Por alever tos ceus qui de sa geste sont.

Son statut de voleur est pour Maugis un déshonneur, car il ne se considère pas ainsi, et grâce à ses invocations il réussit à conjurer le danger d'être jugé comme tel par Charlemagne. Cela est souligné dans l'épisode où Maugis se fait capturer par Olivier:

11200 Que ne me rendres mie à Charlon l'aduré
11201 Se me rendes à lui, je sui mors et finés,
11202 Et pandus par la geule, comme lerres provés.

Nous reviendrons plus loin sur cet aspect qui se présente dans les deux versions.

Un autre épisode légèrement amplifié dans la version plus récente est celui où le baron hypnotise Charlemagne et sa suite:

11624 Il prent .i. oreillier de paile envelopé
11625 Sos le chief li a mis, amont li a levé.

Enfin, toujours dans le ms. L, Maugis vole non seulement les épées de Charlemagne, Roland et Olivier, mais aussi celle de Turpin, nommée Autemise (v. 11630).

La même logique d'amplification amène à constater que les pierres incrustées sur la couronne de Charlemagne valent *V. c. mars d'argent cler* dans le ms. D (v. 10515) tandis qu'elles atteignent la valeur d'*une cité* dans le ms. L (v. 11633).

Au sein de la tradition manuscrite, un autre cas plus complexe résultant de la comparaison des rédactions D et L concerne l'enlèvement de Charlot, le fils de Charlemagne (v. 12632), une narration qui se trouve en D mais qui n'a aucune correspondance en L. Cette absence ne peut pas s'expliquer uniquement que par une simple volonté de réélaboration de la part de l'auteur, mais aussi par la présence de parties manquantes dans le manuscrit ou par un possible changement d'antigraphe[51].

---

51  La question est assez complexe. Le ravissement de Carllon se trouve en D au v. 10818–10821 et dans L au v. 12547–12555, mais la partie qui dépeint le

Une dernière observation qui signale les différences entre les deux versions s'appuie sur les propos de Philippe Verelst concernant l'amplification de l'aspect comique au fil du temps. En effet, ce dernier remarquait que les manuscrits PLOA, à la différence de D qui est le plus ancien, montrent notre chevalier entouré d'une aura religieuse particulièrement marquée. Par ailleurs, on observe qu'au fur et à mesure les textes s'éloignent de l'archétype, le personnage est «amplifié» et donc «enrichi» de nouvelles qualités et caractéristiques alors que, de manière concomitante, des passages comiques modifient le caractère noble originel du protagoniste.

## Maugis dans *Maugis d'Aigremont*

« Cil juglëor vous chantent de Maugis le larron »[52] . La différence de chronologie et le contexte culturel du *Maugis d'Aigremont* confèrent au protagoniste certaines caractéristiques qui se distancient amplement de celles observées jusqu'à présent. À ce propos François Suard a souligné que cette chanson «réutilise le déplacement créé à l'intérieur du personnage épique traditionnel par la figure de Maugis. Non seulement les traits caractéristiques de ce dernier sont accentués – familiarité plus grande avec le merveilleux, apparition d'épisodes amoureux-, mais la structure même du texte bascule du côté du roman d'aventures, avec le schéma habituel au récit d'enfances »[53].

L'exorde se concentre initialement sur la présentation du protagoniste qui mène la guerre contre l'empereur Charlemagne pour aider ses cousins, les quatre fils Aymon. Toutefois, par la suite il est précisé que le sujet de la *chanson* ne portera pas sur les campagnes de guerre, mais sur des événements qui ont accompagné l'enfance du vaillant chevalier. La véritable histoire de Maugis est narrée à partir du moment où un esclave le ravit de la maison paternelle pendant un assaut ennemi. Le petit est ensuite retrouvé dans la forêt de la fée Oriande, et baptisé Maugis par cette dernière. Il est

---

moment où Maugis lui ligote les mains et les pieds et le met dans un sac n'apparaît explicitement que dans le ms. D.

52  *Maugis d'Aigremont...*, éd. Vernay, v.5.

53  F. Suard, «Le développement de la Geste de Montauban en France jusqu'à la fin du Moyen Âge », in *Romance Epic. Essays on a Medieval Literary Genre*, éd. Par H. E. Keller, Kalamazoo, Western Michigan University, pp.141– 161: 148.

ainsi introduit dans le monde magique des enchantements par Baudri, le frère d'Oriande.

Devenu jeune homme et poussé par la curiosité, Maugis désire explorer une île mystérieuse malgré qu'il ait été prévenu de la présence menaçante du diable Roüard, d'un serpent, d'un dragon et surtout du redoutable cheval Bayard. Sa valeur guerrière et la possibilité de recourir à des enchantements lui permettent de vaincre ces terribles adversaires.

Suite à la découverte de ses origines royales, le jeune Maugis décide d'abandonner le monde merveilleux de la fée pour retrouver et connaître ses parents. Pendant son voyage, certains obstacles s'interposent, par lesquels il rencontre notamment l'hostilité de l'émir de Palerme qui le capture. Mais pendant sa captivité, le noble chevalier parvient par ses pouvoirs magiques à faire sauter les chaînes et à s'échapper. En chemin, il se retrouve face au géant Escorfaut, qui est au service de l'émir de Perse ; malgré sa violence et sa férocité, le géant ne réussit pas à renverser l'habile chevalier qui finit par lui couper la tête. Par la suite, lorsque notre personnage arrive à Tolède, il tombe amoureux de la femme de Marsile. La dénonciation de ce fait au roi, oblige le baron à se transformer en couleuvre pour ainsi réussir à s'échapper.

Après s'être dirigé vers Moncler, le protagoniste se déguise en cardinal pour ne pas être reconnu par l'empereur. Mais c'est en vain, car malgré ses subterfuges et sa valeur guerrière, il est emprisonné, enchaîné et placé sous une rigoureuse surveillance.

Un autre acte magique vient alors surprendre Charlemagne : le nain Espiet fait croire à l'empereur et à ses fidèles qu'ils sont entourés de scorpions, de tigres et de serpents, une astuce qui permet à Maugis de s'échapper. Son retour à Aigremont est toutefois empêché par la présence de païens qui encerclent la ville. Le larron-enchanteur exerce alors une autre magie grâce à laquelle apparaissent des animaux dangereux qui terrifient les païens et les font disperser. Le retour et l'agnition de Maugis créent une pause de sérénité à la cour, mais celle-ci sera vite mise en crise par l'intervention de l'enchanteur Noiron qui essaie par la magie de faire pénétrer les païens à l'intérieur du château d'Aigremont. Maugis subit pour un instant les effets des enchantements de Noiron et finit même par tuer un homme de son camp. La vengeance de Maugis ne se fait pas attendre, il rencontre le méchant magicien et le propulse dans le campement de Vivien. Le combat entre les deux blocs, païens d'un côté et chrétiens de l'autre, se prolonge maintenant dans la lutte entre les deux frères, Vivien et Maugis, qui ne savent pas encore qu'ils ont un lien de parenté. Un coup de Vivien, qui aurait pu être mortel pour Maugis, est neutralisé par l'intervention d'un ange venu brouiller l'esprit de l'assaillant. Maugis, par un dernier recours à la magie, fait alors croire à Vivien d'être à Monbranc face à l'autel de Mahomet. L'effet-surprise qui en découle lui permet de désarmer Vivien. Ici advient la deuxième et définitive reconnaissance du fils par la duchesse, suivie de la réconciliation finale de tous les membres de la famille royale. Maugis offre enfin à son cousin Renaut l'épée et le cheval.

Le *Maugis d'Aigremont* présente un monde merveilleux et fantastique bien plus ample et varié que celui de *Renaut de Montauban*. D'après l'analyse menée par Jacques Merceron, qui souligne que l'aspect surnaturel est lié à des motifs folkloriques, ce texte semble conserver « la trace de schémas narratifs provenant de la mythologie celto-hellénique »[54].

Le domaine du magique se caractérise par des personnages qui, bien que différents, interagissent entre eux. La fée Oriande, les présences diaboliques sur l'île mystérieuse, le diable Roüard, le serpent, le dragon, le cheval Bayard, le nain Espiet, le terrible enchanteur Noiron et le larron-enchanteur Maugis peuplent ce monde irréel et fabuleux et émaillent cette histoire de rebondissements continus.

Au début de l'œuvre, la fée Oriande est présentée dans le geste de prendre amoureusement soin du petit Maugis qui – comme elle l'affirme – deviendra un chevalier sur qui ne pourront pas avoir le dessus ni le diable ni la trahison : un anneau en or bouclé à l'oreille de l'enfant le protégera de tout mal (v. 502 et suiv.). Ce n'est que dans un second moment que la fée invoque Dieu pour lui demander de lui révéler la provenance de l'enfant.

Avec le mythe de la fée, nous pénétrons dans une sphère du magique qui effectivement révèle un pouvoir, bien que « limité ». En effet, la fée a

---

54 J. E. Merceron, « Le cheval Bayart, l'enchanteur Maugis et la fée Oriande. De la médecine par le secret à la chanson de geste et retour par la mythologie celto-hellénique », *Nouvelle mythologie comparée* 4, 2018, pp. 1–76 : 38. L'auteur indique que certaines scènes sont modelées sur de vieux schémas mythologiques indo-européens.

connaissance du futur de l'homme, mais ne peut pas le déterminer[55]. Son intervention ne parvient pas à modifier l'action en cours ni à ôter le goût pour l'aventure, qui semble être substantiel à l'œuvre dans son intégralité. Lors de la décision de Maugis de visiter l'île enchantée, la fée en le laissant partir exprime sa peur et son tourment, bien qu'elle sache que son projet est garanti par l'anneau que porte son protégé[56].

Alors que Maugis a entendu la fée lui révéler les pouvoirs intrinsèques à sa nature – « merveilles en fu liez » (v.693)[57] –, il ne sait pas qu'il a le pouvoir d'exercer des forces magiques sur les dangers externes qui le menacent. Sa confiance dépend exclusivement de la conscience de sa valeur guerrière ; ce qui le distingue des autres présences fantastiques des chansons de geste qui manifestent leur « différence » magique par rapport aux personnages communs à travers une pleine conscience des objectifs envers lesquels diriger leurs pouvoirs.

Il est en outre nécessaire de déterminer dans quelles situations et par qui Maugis a été introduit à la nécromancie. Il est probable que plusieurs réponses à cette question soient requises, car le personnage que nous sommes en train d'analyser semble être le fruit de stratifications culturelles de provenances diverses.

---

55 Cf. l'essai de L. Harf-Lancner, *Les fées au Moyen Âge*, Genève, Slatkine, 1984, p. 13. L'invocation à Dieu de la part d'une fée pourrait sembler étrange, mais dans le haut Moyen Âge on observe que certaines superstitions liées à des croyances de magie et de sorcellerie n'étaient pas toujours objet de persécution de la part de l'Église, car elles représentaient une sorte d'absorption d'une culture dans l'autre. En outre, selon J. Le Goff, cité par Cardini, le refus exprimé par la culture ecclésiastique vers celle folklorique se manifeste justement par la superposition des rituels chrétiens aux pratiques païennes et la conservation des « formes » de représentation littéraire ou artistique, mais revues à la lumière d'une spiritualité chrétienne renouvelée ; ce dernier cas semble expliquer de près cette relation « fée-Dieu » apparemment non commune. Cf. F. Cardini, *Magia, stregoneria, superstizioni nell'Occidente medievale*, Firenze, La Nuova Italia, 1979, p. 19.

56 Cf. vv. 698 ss. « Alez hardïement, ne soiez esmaiez / L'aniauz de vostre oreille est si bons, ce sachiez, / Je tant com vos l'aurez ne serez perilliez ».

57 Cf. aussi Merceron, « Le cheval Bayart, l'enchanteur Maugis... », p. 43 : « Maugis dépasse de tous côtés la figure de l'enchanteur traditionnel, ce qu'il est assurément, mais il tend à couvrir tout le champ de la connaissance des trois ordres de la société féodale : clerc (lecture, magie, musique), guerrier et artisan ».

Ajoutons que le petit Maugis est désireux d'apprendre beaucoup de choses et que la fée lui a enseigné toute son expérience en la matière. « Et Maugis n'ert d'apenre pereceuz n'alentiz /, Car nés ert et estrez d'une geste gentiz » vv. 619–620[58]. La détermination de Maugis à accéder aux valeurs culturelles est intrinsèque à ses nobles origines ; il en découle que le « savoir » est cultivé par ceux qui appartiennent à la classe aristocrate, comme notre protagoniste, ou par des personnages fantastiques, tel Baudri[59].

Avec le voyage du jeune sur l'île, nous nous trouvons face à un *mirabilis* qui distingue et révèle les forces du bien et du mal. Les premières s'identifient dans les actions de Maugis et, encore une fois, on n'insiste pas sur le potentiel magique qu'il possède mais sur le courage démontré par le protagoniste. L'unique invocation propitiatoire que Maugis ne se lasse pas de répéter tout au cours de ses vicissitudes est celle qu'il adresse à Dieu. De plus, il faut observer que la présence divine n'est pas discontinue et épisodique, mais apparaît indispensable à la bonne issue de l'action. Déjà depuis que le petit Maugis, abandonné dans la forêt, était en danger à cause de la furie de bêtes féroces, son salut se montrait lié à la volonté de Dieu qui veut lui garantir la vie. Du reste, le jeune chevalier ne s'abstient jamais d'invoquer et de remercier Dieu, avec une telle récurrence de formules que l'on dirait avoir affaire à une sorte de « rituel » bien établi et consolidé. La fréquence des références directes et indirectes au vouloir de Dieu contribue à renforcer l'idée d'une immanence du divin, dont dépendent les succès et les changements de situations qui se manifestent au travers des vicissitudes. Au contraire, lorsque les forces du mal sont représentées à travers des croyances surnaturelles qui suscitent de l'inquiétude et se concrétisent dans l'horreur pour l'enfer et pour le diable, on entre dans la culture folklorique de la fin du XIIIᵉ siècle qui se manifeste surtout dans les narrations des domaines ruraux. Le premier de ces personnages inquiétants que Maugis

---

58  Même ailleurs on souligne la forte motivation de Maugis et de celle qui l'éduque à étudier jour et nuit. Voir aussi au v. 631 où la fée « A mestre le fesoit jor et nuit doctriner ».

59  Maugis en effet apprend les sept arts et est reconnu comme « Mestre Maugis » (vv. 2446–2447) c'est-à-dire comme « Master sorcerer » : K. Jarchow, « Magic at the Margins : The Mystification of *Maugis d'Aigremont* », in *Magic and Magicians in the Middle Ages and the Early Modern Time*, sous la dir. de A. Classen, Berlin, De Gruyter, 2017, pp. 439–473 : 442.

rencontre sur l'île est le diable Roüard[60]. Pour notre chevalier, bien qu'il soit confiant et se dirige vers le but en s'appuyant seulement sur son courage et la protection d'une amulette, un changement s'opère : il comprend vite que sans l'aide d'un enchantement il ne réussira pas à gagner. On observe donc que, contre le mal par antonomase, les pouvoirs humains ne sont pas suffisants : l'enchantement représente donc le seul moyen à disposition de l'homme pour le vaincre.

Maugis se dirige ensuite vers le serpent et réussit à le défaire grâce à une astuce, car il fait en sorte que celui-ci « merveillos et grant parcrëu » (v. 874) soit écrasé dans l'étroite cavité où le noble chevalier s'était réfugié. Dans ce cas, vu la nature terrestre de l'animal, il est possible de le neutraliser en se basant essentiellement sur des éléments humains.

Parmi les personnages de l'île de Bocan se trouve le destrier Bayard que Maugis entend « braire a longue alaine » (v. 981). Ce cheval exceptionnel n'apparaît pas tant en contraste avec les gestes du chevalier que pour lui manifester son obéissance en se pliant à genoux face à lui.

Après les péripéties dont l'île a été le théâtre, Maugis se rend à Tolède pour visionner « I livre de grant pris, que je le vos plevis, / Que le sage Ypocras i ot repost et mis » (vv. 1908–1909). Cet épisode confirme l'aptitude au savoir déjà manifestée par le baron en d'autres occasions. Chez lui coexistent autant la conscience de la culture et des nouvelles connaissances, apprises à Tolède[61], que la nécessité d'un art magique exercé contre les pouvoirs occultes.

2441 Maugis vint a Toulete, li vassal adurez
2442 A joie le reçoivent li bon mestre henorez.
2443 Mout i out despendu avoir et richetez,
2444 Et d'apprendre Maugis se sont forment penez

---

60 Cf. F. Ugochukwu, « Le diable dans la tradition populaire française », *Francofonia* 10, 1986, pp. 103–114.

61 Maugis sous la conduite de Baudri apprend les arts magiques, et comme le souligne aussi Gallois, « Étudier les arts libéraux pour maîtriser et pratiquer les sciences magiques confère donc une autorité à celui qui pratique la *nigromance* ; celle-ci n'est plus considérée comme une pratique condamnable ; elle est élevée au rang d'une discipline, que l'on pourrait dire universitaire, et se trouve intégrée à la liste des sept arts ». Gallois, « Science et merveille… », p. 193.

2445 Tant qu'il fu des .vii. ars apris et doctrinez.
2446 Mestre Maugis estoit à Tolete apelez,
2447 De autres mestres fu, sachiez, le plus senez.

Les moments narratifs qui précèdent et qui suivent l'attestent à plusieurs reprises, notamment lors de la rencontre entre Maugis et Noiron : les uniques forces en jeu sont les forces magiques. En effet, face à Noiron qui abat la porte d'Aigremont, Maugis réplique en faisant de cette porte une tour qui oblige les païens à s'arrêter. Et lorsque Noiron produit un enchantement qui provoque chez le baron et les siens la sensation d'être dans l'eau, Maugis répond par un autre geste qui déroute les ennemis en leur donnant l'illusion d'être dans le feu. La nature hyperbolique de ces images se conclut par le récit où Maugis tue Noiron en le lançant violemment dans le camp des adversaires. La liste des personnages fantastiques présents dans la chanson de geste est enrichie par la rencontre de notre protagoniste avec le géant Escorfaut, dont la force physique est mise en évidence par un recours intense aux hyperboles. L'on essaie ainsi de traduire par des termes inhérents au symbolisme matériel le contenu moral que l'on veut mettre en évidence, c'est-à-dire la dangerosité du géant qui adore Mahomet. L'énorme force physique recèle donc une nature maléfique.

Escorfaut est représenté dans l'acte d'abattre d'abord un pont puis une porte. Avec l'intervention de Maugis, qui réussit à le vaincre, la tension soulevée par les prémisses tombe en laissant la place à la satisfaction devant la victoire qu'a remportée le noble guerrier. Une satisfaction à vrai dire est toujours présente dans les épisodes qui mettent en scène les forces du bien personnifiées par Maugis contre celles du mal. Pour le reste, la narration procède toujours en gardant un ton fondamentalement uniforme. Les mêmes épisodes considérés ci-dessus – de l'abandon du petit Maugis dans la forêt aux multiples invocations adressées à Dieu pour dépasser les obstacles rencontrés – ont déterminé cette univocité du ton qui indique par sa gravité, le caractère de fond de l'œuvre.

Un autre domaine narratif inclus dans la sphère de la magie est celui des déguisements. Nous en avons un exemple lorsque Maugis prend soin de ne pas se faire reconnaître par Charlemagne en se déguisant en cardinal. D'après les recherches de Michail Bachtin, il apparaît que les épisodes qui ont un fond thématique comprenant les déguisements dérivent de la culture populaire où ils représentent un renouvellement de l'image sociale de ceux qui les emploient[62].

Le *Maugis d'Aigremont*, composé probablement au XIVᵉ siècle, révèle tout à la fois la complexité des personnages fantastiques qui le caractérisent, l'empreinte particulière d'un merveilleux qui se concrétise dans des êtres souvent monstrueux ou fabuleux, enfin des figures capables de prodiges qui font partie de l'imaginaire médiéval exprimé dans la culture populaire.

Pour ce qui est de Maugis lui-même, cette chanson de geste ne fournit pas de réelles motivations qui puissent expliquer le recours à l'épithète *larron*, qui n'intervient qu'en de rares occasions. On n'y trouve aucun épisode qui évoque le vol. En définitive, comme le souligne Merceron, « Maugis s'éloigne largement du type antérieur du simple enchanteur-larron de la chanson de geste de stricte tradition carolingienne. La médecine n'est toutefois pas étrangère non plus à Maugis »[63].

## Maugis dans *La Mort de Maugis*

« Oï avez arier com Maugis le larron / Fu partis de Renaut »[64]. L'épilogue terrestre du valeureux baron est décrit dans l'œuvre intitulée *La Mort de Maugis*[65].

La narration commence au moment où Maugis, sollicité par les mots du pape, accepte d'implorer le pardon de Charlemagne et de se réconcilier avec lui. Mais d'abord, il sent le besoin de confesser les *pechiez* et les *larrecins* qui ont caractérisé sa vie.

---

62 Cf. M. Bachtin, *L'opera di Rabelais e la cultura popolare*, Torino, Einaudi, 1979, p. 72.

63 Merceron, « Le cheval Bayart, l'enchanteur Maugis... », p. 41.

64 *La Mort de Maugis...*, éd. Castets, vv. 2–3.

65 La mort de Maugis est «curieusement escamotée» dans les versions D et L: Sarah Baudelle-Michels estime donc que «le cycle comble cette lacune en inventant un épilogue de 1244 vers appelé par son éditeur *La Mort de Maugis*». (S., Baudelle-Michels, «Les morts de Maugis d'Aigremont», in S. Douchet, M.-P., Halary, S., Lefèvre, P. Moran et J.-R., Valette, *De la pensée de l'Histoire au jeu littéraire. Études médiévales en l'honneur de Dominique Boutet*, Paris, Champion, 2019, pp. 305-314: 305 et 306).

Cependant, le pape le conforte en lui rappelant que dans la chrétienté il n'y a pas meilleur clerc que lui, et lui donne la bénédiction. Le fameux baron apparaît face à Charlemagne qui se trouve à Paris avec les siens. Cela dit, il n'est pas tout de suite reconnu, car il a teint en noir le cheval Bayard pour ne pas se faire capturer avant d'avoir exposé ses projets au roi. À la requête de pardon de Maugis, l'empereur oppose comme condition fondamentale la « preuve du feu » par laquelle, si Maugis en sort victorieux, se manifesteront ses réelles intentions. Autrement, il le reniera. Charlemagne fait apporter trois récipients, l'un avec de l'huile bouillante, l'autre avec de la poix, le dernier avec du plomb fondu. Roland, Olivier, les douze pairs, Allard, Guichard et Richart craignent pour Maugis, mais celui-ci les réconforte :

565 « Et lor a dit : "Baron ne vous estuet douter
566 A celi me commant qui tot doit gouverner
567 Qui de tot ce peril me porra bien oster" ».

Lorsqu'il est mis face à la première épreuve, Maugis se met à trembler de peur, pâlit et montre sa souffrance ; mais, comme par miracle, l'huile et la poix se transforment en fleurs.

L'empereur croit alors qu'il s'agit d'un énième acte magique de Maugis, mais de crainte que ce prodige ne cache une intervention divine, il commence à se plier au pardon. Enfin, lorsqu'il voit que le miracle se répète même pour le plomb, Charlemagne rassemble les siens et dit :

701 « Barons, ce dist li rois, grant merveilles veion
702 Diex aïde Amaugis, bien veoir le poon,
703 Ne me dedire pas de ce que dit avon
704 Ire et mautalent desor li pardonon
705 D'or en avant sera du miex de ma meson »

La fête qui suit la réconciliation de Maugis avec Charlemagne est interrompue par la nouvelle inattendue de l'invasion sarrasine en terre de Gascogne. Maugis part défendre cette région. Pendant le combat, Richart, Guichard et Ymonet meurent suffoqués dans une caverne. Le baron, affligé par ce deuil tragique, se rend à Rome où le pape se meurt : « Quant Maugis fu venus, si fu la joie grant / Que tout sont acordez li petit et li grant / Et qu'il sera Apostole ainz le tierz jor pasant » (vv. 1164– 1166). Le jeune chevalier veut terminer ses jours en ermitage dans la forêt des Ardennes, se sustentant de racines et avec la seule compagnie de Bayard. Après sa mort, Dieu reçoit son âme au Paradis.

Le titre *La Mort de Maugis* anticipe les impressions que l'on recueille de la lecture de cette œuvre écrite autour du XIVᵉ siècle.

Comme pour le *Maugis d'Aigremont*, le personnage central est encore Maugis, mais contrairement à la chanson de geste précédente, celle-ci est dépourvue d'actions surprenantes et rocambolesques et gravite autour de la « mort » du chevalier entendue non seulement comme une effective conclusion de sa vie terrestre mais aussi comme une considération symbolique qui investit tout le personnage et promeut des comportements spécifiques.

En effet, dans cette œuvre, la caractérisation la plus saillante de Maugis est celle de l'homme en prière, des prières que le protagoniste destine autant à ses proches qu'à ses ennemis. Parallèlement à cette valorisation du religieux on assiste à une véritable irruption du surnaturel chrétien qui, dans ses différentes représentations, souligne avec insistance la dépendance de Maugis à l'égard du dessein divin. Le motif – fondamental dans l'œuvre – de la paix qui doit s'instaurer entre Charlemagne et Maugis semble plutôt obéir à une logique de réconciliation chrétienne qu'à celle d'une subordination de type féodal du vassal à son seigneur. Cela se remarque dans le fait que la réconciliation semble dépendre uniquement de l'annonce faite par un ange plutôt que du résultat de l'épreuve du feu que Charlemagne considère pourtant comme une garantie et une légitimation du vouloir divin par rapport à sa décision d'accorder son pardon au vassal.

Bien que le rapport entre Maugis et le divin se concrétise dans des situations « directes », c'est-à-dire l'annonce de l'ange et les miracles accomplis au cours de l'épreuve du feu, on n'exclut pas non plus l'importance de l'Église, dont le rôle semble indispensable au processus de purification que Maugis essaie d'entreprendre. La réconciliation doit en effet être précédée par la confession des péchés.

Malgré la réaction inattendue du pape (qui pour un instant ramène ce personnage dans la dimension de l'héroïque) qui tente – au nom de la conquête de Jérusalem qu'il a accomplie avec l'aide de Renaut – de disculper Maugis de tous les délits perpétrés, les cardinaux continuent à douter du baron, non seulement en raison des péchés qu'il a commis mais surtout à cause de l'ignorance en matière ecclésiastique dont ils le suspectent. Même cela ne fait pas vaciller Maugis qui par une trentaine de mots en latin convainc tous les présents.

Cette allusion quasi unique à la culture de Maugis nous semble centrale autant pour le déroulement de la narration que pour la mise en évidence de la singularité du personnage. En substance, la mise en relief de la figure du baron dépend ici de la donnée culturelle et non pas des gestes héroïques du personnage, comme c'était le cas dans les chansons de geste précédemment analysées. Même l'immanence du divin auquel notre baron fait constamment référence semble affaiblir un certain ton qui, subordonnant la réalisation des entreprises à l'unique force de l'homme, risquerait de mettre en second plan la toute-puissance de Dieu.

De plus, dans ce contexte il apparaît significatif que Maugis n'utilise presque plus la magie. Le *miraculeux* prend le dessus sur le *magique*, dont il reste cependant quelques traces à l'intérieur de l'œuvre au moment où le protagoniste doit se rendre chez Charlemagne : ici, pour ne pas se faire reconnaître, Maugis teint Bayard avec une herbe. Habile, ce tour de magie n'est pas considéré favorablement par les cardinaux, et Maugis, qui pressent ce jugement négatif à l'égard de ses aptitudes magiques, sent le besoin de motiver son action afin d'éliminer toute méfiance.

Le récit du camouflage du cheval semble, pour ceux qui lisent, insuffisant à conjurer le danger d'une éventuelle reconnaissance de la part de l'empereur. Peut-être, l'auteur a-t-il pratiqué des coupures narratives dans un contexte thématique, celui de la magie, qui ne semblait pas convenir à la nouvelle caractérisation du protagoniste[66].

---

66 Philippe Verelst soutient que celui-ci est un « passage inspiré de l'épisode de la course », Cf. « Le personnage de Maugis dans *Renaut de Montauban* (versions rimées traditionelles) », in « Études sur *Renaut de Montauban* », sous la dir. de J. Thomas, Ph. Verelst et M. Piron, *Romanica Gandensia* 18, 1981, pp. 75–152 : 149. Toutefois, il nous semble qu'il constitue seulement une idée, car dans le premier cas l'acte magique investissait non seulement Bayard mais aussi Renaut et déterminait ainsi la possibilité d'une meilleure réussite dans la tentative de ne pas se faire reconnaître. Par contre, dans ce dernier cas, la transformation n'investit que le cheval et résulte moins croyable aux yeux de ceux qui imaginent la scène. Verelst fait référence à *La Mort de Maugis* dans un autre essai qui analyse un épisode inédit du *Renaut de Montauban* du XVᵉ siècle. Cf. Ph. Verelst, « Texte et iconographie : une curieuse mise en

La scène qui précède la description de la preuve du feu voulue par Charlemagne nous présente Maugis souffrant et transi de peur. Ce ton dominant, à l'instar de celui de la dévotion, caractérise bien la personnalité du chevalier tout au long de l'œuvre.

Non seulement Maugis, mais aussi les chevaliers de Charlemagne sont représentés différemment par rapport au portrait offert dans les chansons de geste précédentes[67]. Ils ressentent la peur et le découragement face à leur ennemi et aux épreuves terribles que leur empereur les contraint à affronter. Dans tous les cas, les douze pairs et les deux mille chevaliers doivent rester armés pour éviter que Maugis œuvre de ses tours de magie et se joue une nouvelle fois du roi.

Les soupçons de Charlemagne doivent se dissiper face à la claire et indubitable intervention de Dieu, une intervention qui souligne la positivité de la figure de Maugis et facilite l'obtention par notre héros de la paix avec l'empereur.

Alors que Charlemagne a accordé son pardon au baron et se trouve réuni avec les siens, une fête est célébrée. L'arrivée soudaine d'un messager qui annonce l'incursion inattendue des Sarrasins en Gascogne entraîne chez le protagoniste la décision d'aller défendre cette région. La narration de cette dernière occasion de guerre où peuvent être célébrés les exploits de Maugis n'est pas caractérisée par une emphase qui permettrait d'exalter les mérites personnels de Maugis, mais elle se contente de rapporter avec sobriété les événements dans toute leur simplicité.

L'œuvre se termine sur la démarche de Maugis qui retourne vivre en ermite dans les bois et qui prie pour Charlemagne et ses douze pairs ; une conclusion qui ramène le lecteur à l'atmosphère de solitude et de réflexion méditative qui, dès le début, avait caractérisé cette chanson de geste.

---

abyme dans un *Renaut de Montauban* inédit », *Romanica Gandensia* 17, 1980, pp. 147–162 : 161.

67 D'une opinion différente, Verelst retient que « l'image qui nous est donnée de notre personnage est assez conforme à celle que nous avons trouvée dans le *Renaut* » (« Le personnage de Maugis... », p. 151). Malgré cela, il révèle plus loin que l'aspect d'homme pieux est ici amplifié à démesure par rapport aux représentations que l'on fait de lui dans les œuvres précédentes.

# II RACINES

## Quelle magie ?

Des données jusqu'ici recueillies dans les textes analysés, il résulte que l'art de la magie est constamment perçu comme l'expression d'actions non surnaturelles, pleinement humaines. Cette conception de la magie représente une sorte de restriction et de rationalisation du vaste monde du fantastique médiéval, car dans la plupart des cas elle limite l'action magique à une sphère positive et réglemente les situations d'ordre fantastique en y introduisant l'importance de la valeur éthique. Pour cette raison, l'acte magique est presque toujours perçu comme un événement voulu par Dieu. Mais ce n'est pas tout. L'univers magique est le point de contact de nombreuses composantes et, dans son éclectisme, il résiste aux visions unilatérales en proposant des positions syncrétiques souvent en flagrante contradiction[68]. Sous la loupe de la contemporanéité, ces positions conflictuelles pourraient sembler inacceptables parce qu'elles ne sont pas en mesure d'être reconduites à une homogénéité clairement déchiffrable; or l'altérité du Moyen Âge, comme l'a bien présentée Hans Robert Jauss, est précisément faite de cette inexplicable et heureuse concomitance de facteurs[69].

La coexistence et l'interaction de la culture officielle avec la culture populaire, cette dernière riche en images du répertoire fantastique, attestent que les traits caractérisant la littérature médiévale oscillent entre l'acceptation, la tolérance et, dans certains cas, la censure des thématiques profanes et

---

68 Bronzini, à propos des positions éclectiques, parle des apports culturels de matrice aristotélique qui se concentrent sur une conception positive de la magie d'origine païenne: « Il processo di rinnovamento della mitologia pagana e di razionalizzazione del soprannaturale, con i principi della fisica e logica di Aristotele, acquisiti nell'ordine delle conoscenze scientifiche della rinnovatrice cultura araba, s'inizia alla fine del secolo XI e si sviluppa nel successivo, comprendendo il periodo centrale e più innovativo del medioevo ».G.B.Bronzini, « Medioevo magico e religioso », *Lares* 67, 2001, pp.473-493 : 477 .

69 Cf. H. R. Jauss, *Alterità e modernità della letteratura medievale*, Milano, Boringhieri, 1989, p.15: « La mancata distinzione tra realtà poetica e realtà storica è nel Medioevo – come in altri stadi arcaici della letteratura – uno degli aspetti della sua alterità che più ci sorprende ».

magiques. Le magique et le merveilleux d'une part, le miraculeux de l'autre distinguent les racines et les expressions du monde populaire de celles de la civilisation chrétienne. En effet, dans le monde du surnaturel médiéval, nous distinguons une variété d'expressions artistico-littéraires qui se place dans le domaine du *mirabilis*, du *magicus* et du *miraculosus*[70]. Mais il y a aussi un domaine plus ample et général, celui du « merveilleux »[71].

À partir de la première moitié du XIe siècle jusqu'à la première moitié du XIIIe, dans les poèmes épiques, les apports du monde magique populaire sont sensiblement réduits à cause des facteurs sociaux et économiques qui mettent en crise la société du haut Moyen Âge, qui était surtout rurale. Le monde traditionnel est intéressé par le dynamisme social des masses paysannes qui s'apprêtaient à se déplacer vers les villes, en abandonnant ainsi les zones géographiques où étaient depuis longtemps ancrées les pratiques de la superstition populaire[72]. Parallèlement à la perte d'intérêt envers la

---

70 Cf. J. Le Goff, *Il meraviglioso e il quotidiano nell'Occidente medievale*, Bari, Laterza, 1983, pp. 10–11. Sur ce même sujet, voir aussi Harf-Lancner, *Les fées...*, p. 7. Tout comme Lancner, K. L. Jolly distingue les apports du folklore de ceux appartenant à la culture officielle. Cf. Id., « Anglo-Saxon charms in the context of a Christian world view », *Journal of Medieval History* 11, 1985, pp. 279–293 : 280. Notamment, à propos des particulières expressions de la culture populaire, voir : A. Gurevich, *Contadini e santi. Problemi della cultura popolare nel Medioevo*, Torino, Einaudi, 1986, p. 13.

71 D'après Verelst, l'extension sémantique du terme « merveilleux » est bien plus ample par rapport aux autres catégories, surtout pour ce qui concerne les œuvres épiques. Ph. Verest, « L'art de Tolède ou le huitième des arts libéraux : une approche du merveilleux épique », in *Aspects de l'épopée romane : mentalités, idéologies, intertextualités*, sous la dir. de H. Van Dijk et W. Noomen, Groningen, Egbert Forsten, 1995, pp. 3–41 : 3. À ce sujet, il est utile de voir l'étude de J.-R., Valette « Le merveilleux et la matière de France », in *Par devers Rome m'en revenrai errant*. XXe Congrès international de la Société Rencesvals pour l'étude des épopées romanes, sous la dir. de M. Careri, C. Menichetti et M. T. Rachetta, Roma, Viella, 2017, pp. 445–455, là où il se démarque la *différance* entre le *merveilleux* et le *surnaturel* dans les chansons de geste: « La préférence accordée au concept de surnaturel (ou parfois de *merveilleux chrétien*) repose donc sur un double niveau d'intelligibilité, divin et humain, ou plus précisément, métaphysique (le Vrai Dieu) et socio-culturel (la vraie foie)» (*ibidem*, p. 447).

72 L'on observe que la magie ne fut pas toujours perçue comme un héritage des classes incultes, en effet, selon Bronzini, « Un cambiamento si verificò con

magie populaire intervient, de la part de la classe sociale érudite, une certaine attention à l'égard des textes de « magie savante » qui circulaient en
Occident sous l'impulsion du monde islamique[73]. D'après Graziella Federici
Vescovini, au Moyen Âge, la magie présente une sorte de double face et,
plus particulièrement, ne peut être comprise que dans l'ensemble des savoirs
médiévaux que forment la médecine, la science, la logique et la philosophie
naturelle[74]. Comme l'affirme justement l'auteure, le personnage du magicien
entendu dans le sens moderne n'apparaît pas au Moyen Âge, mais seulement à la Renaissance. Précisément parce qu'au Moyen Âge cette figure
rassemble toute une série de caractéristiques qui ne peuvent être enfermées
dans le seul domaine de la magie, mais touchent directement celui de la
médecine et des sciences naturelles. En effet, sous certains aspects, la magie
semble se trouver dans une si profonde relation de continuité avec la science
qu'elle finit par être considérée comme une sorte de « protoscienza »[75]. « La
magie est-elle une science ? Qu'est-ce qu'est la science pour les savants,
les philosophes, les théologiens, les astronomes, les médecins du Moyen
Âge ? », s'interroge Federici Vescovini[76]. Comme l'a dit également Richard

---

l'innesto aristotelico sul tronco tomistico, operato dalla filosofia araba, e con
il sorgere delle università, che introdussero le arti magiche, in particolare l'astrologia, fra le discipline d'insegnamento ». Bronzini, « Medioevo magico... »,
p. 477.

73 Cf. Cardini, *Magia, stregoneria...*, p. 21 et I. Parri, *La magia nel Medioevo*,
Milano, Carocci, 2018, p. 11.

74 G. Federici Vescovini, *Le Moyen Âge magique. La magie entre religion et
science du XIIIᵉ au XIVᵉ siècle*, préface de J. Biard, Paris, Librairie philosophique, 2011, pp. 7–8. L'auteure entend en effet la magie comme une science
occulte, de magie « destinativa », c'est-à-dire d'une magie destinée à influencer
démons ou esprits, et de magie naturelle. Par ailleurs, Suggi observe aussi
qu'aux origines de la science moderne se trouve justement ce mélange entre
l'aspect magique et la science naturelle diffuse au Moyen Âge. Cf. A. Suggi,
« La magia nell'Europa moderna », *Rivista di Storia della Filosofia* 59, 2004,
pp. 603–608 : 606.

75 Parri, « La magia... », p. 10. Lynn Thorndike avait la même perspective histo-
riographique. Cf. L. Thorndike, *History of Magic and Experimental Science
during the first thirteen centuries of our era*, New York and London, Columbia
University Press, 1923, IV, pp. 3– 278.

76 Federici Vescovini, « La science comme connaissance des causes. La cause
nécessaire », in *Le Moyen Âge...*, pp. 28–30.

Kieckhefer, il existe en effet une tradition commune de la magie médiévale, un milieu culturel auquel faisaient référence ceux qui, de différents points de vue, se dédiaient aux activités magiques: guérisseurs, voyants/ devins, moines et prêtres[77]. Dans l'Europe du haut Moyen Âge, il y avait des guérisseurs qui détenaient un savoir plus pratique que théorique; dans ce champ si varié s'appliquent donc les préceptes de la magie naturelle.

Les constantes qui émergent des actes de magie blanche ou savante observés dans les chansons de geste nous montrent des faits qui, bien qu'extraordinaires, ne sont pas surnaturels. Peut-être justement ces caractéristiques permettent-elles non seulement à ceux qui écrivent ou à ceux qui écoutent les chansons de geste, mais aussi au droit ecclésiastique de considérer la magie comme une forme licite d'expression des potentialités humaines[78].

À ce propos, il ne faut pas ignorer l'avertissement de Dominique Boutet, d'après qui le magicien exerce une importante fonction dans les textes épiques, celle de « dédoubler la fonction royale à une époque où la souveraineté conserve souterrainement la forme magico-religieuse qui était la sienne dans le paganisme. Mais l'enchanteur est bien plus souvent l'auxiliaire du rebelle, quand il n'est pas le rebelle lui-même »[79]. En effet, dans les chansons de révolte, le lien établi entre souverain et vassaux semble se dégrader après 1180; une des raisons en est que le roi ne se comporte pas avec la générosité requise tant par la morale chrétienne que par l'éthique aristocratique[80]. Par conséquent, dans la textuelle relative à l'épique, « l'enchanteur

77 R. Kieckhefer, *La magia nel Medioevo*, Roma-Bari, Laterza, 2004, pp. 71–120.
78 Comme l'observe Zemmour à propos du vocable « magie », « au Moyen Âge, ce mot n'existe qu'au pluriel, dans l'acception d'opérations magiques » (C. Zemmour, « De la construction d'un espace mythique aux manifestations de puissance surnaturelles, dans quelques lais féeriques des 12e et 13e siècles: langue et symboles de la magie au Moyen Âge », in *Magie et illusion au Moyen Âge*, Aix-en-Provence, Université de Provence, CUERMA, coll. « Sénéfiance », 1999, pp. 619–632: 619).
79 D. Boutet, *Charlemagne et Arthur ou le roi imaginaire*, Paris, Champion, 1992, p. 243.
80 Ph. Haugeard, « Le roi marchand ou le temps du désenchantement. Les leçons de "Renaut de Montauban" », in *Ruses médiévales de la générosité. Donner, dépenser, dominer dans la littérature épique et romanesque des XIIe et XIIIe siècles*, Paris, Champion, 2013, pp. 249–275.

est [...] indispensable au mythe de la royauté : le genre épique ne saurait l'ignorer »[81]. Nous en verrons les raisons.

## « Uno, nessuno, centomila » : aux origines du topos

Nous penchant à nouveau sur l'un des objectifs de notre recherche, c'est-à-dire l'analyse de la cohésion interne entre *vol* et *magie* dans la structure et l'origine même du topos, nous souhaitons entamer notre discours par la critique.

Dans sa recherche sur « L'enchanteur d'épopée », Verelst affirme qu'avec le topos du larron-enchanteur on se trouve face à « un phénomène typiquement germanique à l'origine duquel la littérature française a donné une forme bien particulière, sous l'influence du christianisme, du roman arthurien et de l'Orient »[82]. En gros, Verelst suppose que la légende qui a comme protagoniste des larrons-enchanteurs peut être retrouvée un peu partout : « Cette Légende existait entre Rhin et Meuse, mais également en Lituanie, en Russie et en Mongolie. Un très ancien témoignage de cette tradition se retrouverait aussi dans le conte égyptien du roi Rampsinite, transmis par Hérodote[83] ». Tout en convenant de la véracité de cette hypothèse qui envisage une géographie plutôt étendue de la diffusion du topos du larron-enchanteur, nous souhaitons toutefois établir des distinguos. Si l'on sonde la zone orientale, notamment égyptienne, dans le but d'obtenir une confirmation de cette diffusion, il faut remarquer que, contrairement à ce qu'affirme Verelst sur la base de ce que disent Gaston Paris et Adolf Beckmann, le témoignage d'une diffusion du topos du larron-enchanteur auprès des Égyptiens ne semble pas résister à l'examen. En effet, dans la narration d'Hérodote, *Les Histoires*, on parle seulement d'un voleur ingénieux qui pour arriver à épouser la fille de Rampsinite montre sa grande et malveillante intelligence, sans que la magie soit évoquée[84]. Bien

---

81  Boutet, *Charlemagne et Arthur...*, p. 242. À propos de l'un des plus connus larrons-enchanteurs, Basin, Boutet précise pertinemment que « l'association de l'enchanteur Basin et de Charlemagne n'est donc pas imputable au folklore » (*ibidem*, note 3).

82  Verelst, « L'enchanteur... », p. 112.

83  *Ibidem*, p. 126.

84  *Le Storie di Erodoto, Libri I-IV*, I, éd. A. Colonna et F. Bevilacqua, Torino, UTET, 1996, 2 vol., pp. 2, 121. Nous nous référons au deuxième livre,

entendu, l'histoire du larron qui accomplit des exploits extraordinaires se retrouve aussi dans les *Gesta Romanorum*, où Auguste prend la place de Rampsinite, dans les légendes irlandaises et teutoniques, dans les légendes germaniques et norvégiennes, malgré les divergences des stratagèmes utilisés par les larrons dans les différentes narrations de ces espaces géographiques. Et en conclusion, il faut admettre que l'on ne peut pas procéder à des généralisations.

À la fin de la discussion, bien que Verelst laisse le champ ouvert à l'inclusion des mythes et légendes d'Orient et d'Occident, il semble toutefois restreindre le cadre à l'origine germanique du larron-enchanteur[85].

En définitive, il n'est certes pas possible d'exclure que « l'origine » du *topos* soit polygénique, bien qu'il soit préférable, à notre avis, de documenter avec précision le domaine de compétence, quel qu'il soit. Si, en effet, le renvoi au monde germanique invoqué par Verelst est incontestable, il est tout aussi indéniable de faire appel à l'apport du monde oriental pour ce qui concerne la magie et tout ce qui concerne la thématique du vol, comme nous pouvons le voir dans la légende de Rampsinite. En effet, certains chercheurs sont persuadés que non seulement auprès des populations germaniques, mais aussi chez les Arabes, il était « non solo permesso [...], ma anche glorioso rubare al nemico »[86]. Charles Jean Marie Letourneau insiste sur le fait que les Bédouins « n'ont pour le vol aucune aversion morale ; ils le trouvent même fort louable quand il se pratique au détriment de l'étranger et ils sont de déterminés pillards »[87]. Toutefois, ces thèses ont été mises en discussion par les opinions de Vincenzo Manzini qui a souligné la superficialité et le manque de sources concrètes qui documentent le bien-fondé

---

pp. 405–409 ; le texte grec parle en effet expressément d'un voleur. Quant à la diffusion de cette légende, George Cox, spécialiste de mythologie comparée entre Orient et Occident, conclut que « The Story of Rhampsinite did enter into the popular literature of Europe, but through a different channel » : G. W. Cox, *The Mythology of the Arian Nations*, London, Longmans Green, I, 1870, p. 113.

85  Verelst, « L'enchanteur... », p. 126.

86  Cf. C. Lombroso, *L'uomo delinquente in rapporto all'antropologia, giurisprudenza e alle discipline carcerarie*, Torino, Bocca, I, 1878, p. 65.

87  Cf. Ch. Letourneau, *L'évolution juridique dans les diverses races humaines*, Paris, Lecrosnier et Babé, 1891, p. 247.

de ces hypothèses[88]. L'auteur observe que, parmi les « peuples sauvages », là où le concept de propriété privée n'existe pas, même le jugement sur le vol bénéficie d'une dérogation, différemment de ce que prévoit le sens commun. En outre, le chercheur démontre l'existence de différentes tolérances chronologiques et sociales à l'égard du vol, mais ne permet pas d'en admettre la légitimation. Successivement, à l'époque carolingienne, l'empreinte du droit ecclésiastique et la forte considération de la propriété privée induisent à percevoir le vol comme étant un acte menaçant pour la société, un fait qui devait être puni par la prison et la mort[89].

Ainsi, comme l'observe Cesare Segre, le topos a en soi des marges de transformation et de renouvellement qui proviennent de l'ensemble du système culturel : « Nei luoghi (*topoi*) della memoria collettiva si depositano attraverso il tempo, in forma stereotipata, schemi di azioni, situazioni, invenzioni caratteristiche della fantasia»[90]. Pour ce qui nous concerne, la donnée la plus significative est qu'il est surprenant que ces personnages de larrons-enchanteurs soient représentés positivement dans l'épique tandis que, dans le contexte historico-social, ils se trouvent condamnés au travers de normes juridiques précises. En effet, alors que dans l'Europe du Moyen Âge on inflige aux voleurs la peine capitale et l'on persécute les magiciens[91], on constate dans nos chansons de geste que le fait de mettre en œuvre dans le vol de particulières « habiletés » – que le droit pénal d'aujourd'hui considère une circonstance aggravante – semble au contraire constituer un élément significatif digne d'admiration. Cette observation trouve une confirmation dans les affirmations de Manzini qui considère que, dans les sociétés moins évoluées, les habiletés démontrées dans les épisodes de vol ont été carrément encouragées[92].

Quoi qu'il en soit, sur le plan de la critique, la « très étroite corrélation » entre vol et magie dont parle Verelst s'est trouvée confirmée par Haugeard

---

88  Cf. V. Manzini, *Le varie specie di furto nella Storia e nella Sociologia*, Torino, Unione Tipografica Editrice Torinese, I, 1912, p. 141.

89  *Ibidem*, pp. 456–457.

90  C. Segre, *Notizie dalla crisi*, Torino, Einaudi, 1993, p. 216.

91  Cf. G. De Grillot, *Le Musée des Sorciers, Mages et Alchimistes*, Paris, Tchou, 1966, p. 203.

92  C'est ce qu'affirme Manzini dans l'*Enciclopedia Giuridica Italiana*, Milano, Società Editrice Libraria, 1916, p. 803 (voir le vocable « Furto con destrezza »).

qui suppose l'existence d'un « trait originel »[93] pour ces deux élémen-s. La thèse de Haugeard est qu'il existe un rapport étroit entre l'enchanteur et l'abaissement-dénigrement de la figure du souverain. Selon l'auteur, la centralité du don comme élément fondamental dans le cadre d'un échange de faveurs entre empereur et vassal est incontestable. En effet, selon Haugeard, une « question donc reste en suspens, celle d'un possible lien de nature entre le vol comme mode d'action privilégié de l'enchanteur contre le souverain »[94] et l'antagonisme viscéral qui oppose ces deux personnages ennemis.

Dans une autre perspective, la lecture de Roblin, qui est axée sur la dimension temporelle, démontre que le larron-enchanteur n'est pas une figure auxiliaire, mais plutôt un véritable substitut du vassal rebelle dans sa lutte contre le pouvoir de l'empereur. L'auteure présume que le conflit entre le magicien et le souverain ne peut pas être seulement d'origine médiévale, mais doit remonter à une origine indo-européenne[95], comme Haugeard aura l'occasion de le confirmer[96].

En dehors de ces évaluations abordées par ces auteurs dans des perspectives différentes mais qui finissent par converger dans une analyse globale, il reste à signaler une question qui à notre avis n'a pas été suffisamment approfondie, celle du contexte culturel qui se trouve en toile de fond du topos du larron-enchanteur. En suivant la narration des actions des personnages, il est possible de commencer notre analyse par la ville de Tolède – où beaucoup d'entre eux disent avoir appris la magie – et de nous interroger sur cette « école » afin d'identifier les raisons pour lesquelles les textes épiques aimaient tant la citer[97].

---

93 Haugeard, « Le magicien voleur... », p. 293.

94 Dans le cadre de ces évaluations, à l'instar de Haugeard, nous croyons qu'il est très probable que « le personnage de Maugis dans *Renaut de Montauban* soit l'avatar médiéval d'un prototype d'origine indo-européenne » (*ibidem*, p. 295).

95 Roblin, « L'enchanteur et le roi... », pp. 117–135.

96 Haugeard, « Le magicien voleur... », p. 295.

97 La magie devient objet de débats scientifiques et théologiques à partir de la fin du XIIe siècle. C'est dans ce cadre que Blandine Longhi analyse l'évolution de Maugis de *Renaut de Montauban* à *Maugis d'Aigremont* en montrant comme sa magie oscille entre christianisation et science. Cf. B. Longhi, « Maugis et les spéculations intellectuelles sur la magie aux XIIe et XIIIe siècles », in *Chansons de geste et savoirs savants. Convergences et interférences*, sous la dir. de Ph. Haugeard et B. Ribémont, Paris, Garnier, 2015, pp. 163–181.

## L'école de Tolède : « magnífica encrucijada de culturas »[98]

De nombreuses chansons de geste font mention d'un aspect qui ne peut être laissé de côté, en disant que la magie devait être étudiée et apprise. C'est le cas, nous l'avons vu, dans le *Renaut de Montauban*, où Maugis joue des instruments, chante et apprend l'art de la magie à Tolède, et encore plus dans le *Maugis d'Aigremont*. Comme pour Maugis, on parle des séjours d'étude de Basin dans *Jehan de Lanson*; ou de Baudris et de Boriaz dans le *Maugis d'Aigremont*. Espiet, un autre larron-enchanteur, est même originaire de cette ville. Sur la base de ces nombreux exemples, Verelst tire la conclusion « qu'il existait au Moyen Âge une légende qui voulait qu'à Tolède on enseignât les arts magiques »[99]. Ce phénomène ne peut toutefois pas être compris s'il n'est circonscrit qu'à la légende.

Que représentait Tolède pour l'Occident et plus encore pour ceux qui écrivaient des textes épiques ou en commissionnaient l'écriture ?

Une prémisse est nécessaire pour comprendre la valeur symbolique que revêt cette ville dans les chansons de geste – des textes qui reflétaient dans leur forme littéraire (enchaînements de laisses, parallélismes...) la nécessité d'une « esthétique de la répétition »[100], liée à la volonté de véhiculer une propagande politique visant le public.

Après l'occupation de l'Égypte, de la Syrie et de la Perse par les Arabes, mais encore plus après que ceux-ci conquirent Alexandrie, commence une œuvre massive et continue de traduction des textes grecs en arabe. C'est notamment sous la dynastie des Abbasides, donc à partir de 750, que se diffuse pleinement la connaissance de la culture grecque dans le monde arabe. La ville de Cordoue, où jusqu'à la fin du Xᵉ siècle grâce aux musulmans sont traduites des œuvres scientifiques et philosophiques arabes et

---

98  L'expression est tirée de M. Brasa Díez, « Métodos y cuestiones filosóficas en la escuela de traductores de Toledo », *Revista Española de Filosofía Medieval* 3, 1996, pp. 35–49 : 38.

99  Verelst, « L'enchanteur... », p. 153.

100  D. Boutet, *Formes littéraires et conscience historique. Aux origines de la littérature française (1100–1250)*, Paris, PUF, 1999, p. 214.

grecques, finit par devenir d'après les observations de Sánchez Montero un véritable centre précurseur de l'« école » de Tolède[101].

En partant de ces données, il est facile de comprendre l'importance qu'eut la culture musulmane pour l'Occident et « non è esagerato affermare che la cultura araba, nell'epoca del suo maggiore splendore, che arriva fino al secolo XI, fu una cultura traduttrice nel senso etimologico del termine latino *transductor* (colui che trasporta dall'altra parte) »[102].

À Tolède, après la reconquête de la ville par les chrétiens en 1085, naît une extraordinaire « encrucijada de culturas »[103], faite de la coexistence de chrétiens, de juifs et de musulmans ; un facteur qui, aux yeux de l'Occident, donna rapidement à cette ville multiculturelle la renommée d'être « una torva ciudad heterodoxa » où « se aprendía cuanto un cristiano nunca debería de saber »[104]. Cette perception a été probablement fondamentale pour jeter un certain discrédit sur cette ville où les études de la magie se trouvaient regroupées dans une catégorie qui, bien qu'elle ne concernât pas que la magie, était quand même en étroite relation avec l'univers musulman et qui par conséquent devait éveiller des méfiances et des préjugés.

Même si, sur le plan religieux et social, les trois cultures ne semblaient pas pouvoir s'intégrer ni se contaminer rapidement, sur le plan culturel

---

101  M. Del Carmen Sánchez Montero, « Lineamenti di storia della traduzione in Spagna », *Studi e Ricerche Triestini* 11, 1998, pp. 1–93 : 9 ; Ph. Verelst, « L'art de Tolède ou le huitième des arts libéraux : une approche du merveilleux épique », in *Aspects de l'épopée romanes : mentalités, idéologies, intertextualités…*, pp. 3–41 : 15.

102  Del Carmen Sánchez Montero, « Lineamenti di storia… », p. 9.

103  Cf. Brasa Díez, « Métodos y cuestiones filosóficas… », p. 38. Notamment Gázquez se réfère à Tolède comme « mediator between cultures and religions » (J. M. Gázquez, *The Attitude of the Medieval Latin Translators towards the Arabic Sciences*, Firenze, SISMEL, Edizioni del Galluzzo, 2016, pp. 153–182 : 153).

104  F. M. Villanueva, « In Lingua Tholetana », in AA.VV., *La escuela de traductores de Toledo*, Toledo, Diputación Provincial de Toledo, 1996, pp. 23–34 : 28. À ce propos, l'on observe que « las disciplinas que enseñaban correspondían a parcelas de conocimientos diseñadas por el mundo islámico : filosofia, astrologia y artes màgicas ». (M. Gargatagli, « La historia de la escuela de traductores de Toledo », *Quaderns. Revista de traducció* 4, 1999, pp. 9–13 : 12).

on assiste au contraire à la mise en place d'un extraordinaire carrefour de cultures à l'intérieur duquel les textes scientifiques et philosophiques inconnus réussissent à entrer dans l'Occident chrétien. Bien que des auteurs comme Américo Castro[105] préconisent une *convivencia* pacifique entre les cultures, tous ne se rallient pas à cette vision, certains proposant même des interprétations moins idylliques, comme Maíllo Salgado[106]. Néanmoins, il reste qu'à Tolède arrivaient des intellectuels, des philosophes et des érudits venus de toute l'Europe pour y apprendre des notions de médecine, de mathématiques et d'astronomie, des disciplines peu connues en Occident[107]. Les traductions scientifiques eurent alors l'impact le plus important dans la vaste entreprise visant à combler les « lacune dell'Occidente nelle discipline scientifiche, *in primis* matematica, astronomia e astrologia, medicina »[108].

C'est précisément à Tolède que sont publiés en traduction latine les trésors de la civilisation arabe, hellénique et hellénistique. Les connaissances en physique et en médecine d'Avicenne, la pensée d'Archimède et d'Hippocrate, les œuvres – originales ou non – d'Aristote sont ainsi divulguées largement, selon un système rodé à Tolède où, selon Franco Cardini, sous la protection de l'archevêque Raimond était né un authentique atelier polyglotte[109]. Nous tenons toutefois à préciser qu'autant la croyance que

---

105 A. Castro, *La Spagna nella sua realtà storica. Cristiani, musulmani ed ebrei all'epoca della Riconquista*, Milano, Garzanti, 1995, p. 224.

106 F. Maíllo Salgado, « Lógica histórica del desencuentro entre cristianos y musulmanes », *Estudios Mirandeses* 28 B, 2008, pp. 5–22 : 6.

107 À ce propos, Alessandro Vanoli affirme que « di fronte all'idea di un mondo di idilliaca convivenza occorre esercitare prudenza nei giudizi » (A. Vanoli, *La Spagna delle tre culture*, Roma, Viella, 2006, p. 67).

108 R. Pergola, « *Ex arabico in latinum* : traduzioni scientifiche e traduttori nell'Occidente medievale », *Studi di Glottodidattica* 3, 2009, pp. 74–105 : 75. Voir aussi G. Cosmacini, *L'arte lunga. Storia della medicina dall'antichità a oggi*, Bari, Laterza, 2011, pp. 149–153.

109 En effet, « i testi venivano tradotti prima dall'arabo al castigliano, indi dal castigliano in latino ». Cardini, *Magia, stregoneria…*, p. 26. Pour les rapports culturels entre Orient et Occident, voir F. Gabrieli, « L'Islam e l'Occidente nell'Alto Medioevo », in *L'Occidente e l'Islam nell'Alto Medioevo*, Spoleto, presso la sede del Centro del Convegno di Spoleto, 1965, pp. 15–35 : 26 et 27. Ici l'auteur s'oppose à la thèse de Pirenne sur la fracture entre l'Orient et l'Europe survenue dans la Méditerranée avant le début de l'époque médiévale.

Tolède était une légende, autant son contraire –qu'elle était une « förmliche Schule »[110] – ne rendent raison du poids réel que ce contexte culturel et traductif eut pour le monde occidental, car ces interprétations se basent souvent sur une évaluation erronée des faits. C'est ce que nous explique Menéndez Pidal :

« Es común modernamente el negar que existiese esta denominada Escuela de Traductores de Toledo. Pero la negación se basa en un equívoco. Si por escuela se entiende un conjunto orgánico de maestros, escolares y bedeles, no existió Escuela de Traductores, ni nadie pensó en que pudiera existir, pero sí hubo escuela toledana en el sentido de un conjunto de estudios que se continúan en un mismo lugar, en unas mismas bibliotecas, con unos mismos procedimientos, trabajando en un mismo campo, el de la ciencia árabe »[111].

La critique récente, qui exclut ces deux positions considérées trop extrêmes, a plutôt tendance à penser à l'existence à Tolède d'un « collège de traducteurs »[112], ou à considérer Tolède comme une ville dans laquelle, précisément

---

110  Valentin Rose affirme par ces mots l'existence d'une véritable *Schule* à l'intérieur de laquelle il y avait non seulement des livres, mais aussi beaucoup d'hommes « bilingues », notamment mozarabes et juifs, qui réalisèrent de nombreuses traductions des plus importants textes de la littérature arabe : « Für ganz Europa war [Toledo] es die Pflanzstätte der « doctrina Arabum". [...] Hier gab es arabische Bücher in Fülle und auf einer ererbten Stätte wissenschaftlicher Schulthätigkeit eine Menge zweisprachiger Menschen. Mit Hülfe derselben, früherer Arabochristen (Mozaraber) und altangesessener Juden entwickelte sich hier eine förmliche Schule arabisch-lateinischer Buch– und Wissenschaftsübertragung, welche die Wissens– durstigen aller Völker herbeizog Arabisch zu lernen und sich an dem Werke der Vermittelung zu betheiligen. Zahlreiche Uebersetzungen der berühmtesten Schriften arabischer Litteratur sind ausdrücklich als in Toledo entstanden dnrch Unterschrift bezeugt. Englander und Deutsche wie Italiener knüpfen den Ruhm ihrer Thätigkeit an den Aufenthalt in dieser hohen Schule des Arabismus und arabischer Wissenschaft » (V. Rose, « Ptolemaeus und die Schule von Toledo », *Hermes* 8, 1874, pp. 327–349 : 327–328).
111  R. Menéndez Pidal, *España, eslabón entre la cristianidad y el Islam*, Madrid, Espasa Calpe, 1956, pp. 36–37. Pour des approfondissements sur les théories de Jourdan, Rose et Menéndez Pidal, et sur leur validité, voir P. Vélez León, « Sobre la noción, significado e importancia de la Escuela de Toledo », *Disputatio. Philosophical Research Bulletin* 6, 2017, pp. 537–579.
112  L'historien français fut considéré comme révélateur de l'existence de l'école de Tolède, bien qu'il n'en ait jamais parlé dans ces termes : « Ce fut sans doute ce motif qui engagea D. Raimond, archevêque de Tolède, à faire passer dans

en raison de sa position géographique stratégique, œuvrait un «conjunto de estudios»[113], ou enfin à y voir un contexte international où se partageait un «espíritu de trabajo intelectual»[114]. En confirmation de cette thèse se rajoute le fait que des recherches historiques ont démontré qu'il n'existait pas à Tolède un lieu institutionnel déterminé où les traducteurs exerçaient, mais plutôt différents lieux disséminés entre les monastères et d'autres résidences, qui regroupaient des traducteurs de religions diverses pour qu'ils travaillent ensemble à une même traduction. Ce fut seulement plus tardivement par rapport à la période où aurait existé l'école de Tolède, que la ville devint siège d'une Bibliothèque Capitulaire[115].

Compte tenu de ces explications, il n'est pas surprenant que des textes épiques en soient venus à véhiculer l'idée que la culture arabe et subversive était liée à la ville de Tolède. Les plus cultivés et avertis ne pouvaient toutefois ni ne devaient ignorer que la médecine, l'astronomie ou les sciences en général n'avaient rien à voir avec les disciplines occultes. C'est pourquoi l'évocation de la magie apprise à Tolède oscille entre des caractérisations qui varient d'œuvre en œuvre, qui se configurent de rédaction et rédaction, avec parfois des accents plus «cultivés» et des récupérations du domaine folklorique[116].

---

la langue latine les traités philosophiques des Arabes. Parmi les personnages qui coopérèrent à cette entreprise, il y en a surtout deux dont les travaux sont restés tout à fait inconnus. Nous l'avouons avec une jouissance que l'homme de lettres peut apprécier, la découverte de ce collège de traducteurs nous a dédommagé des épines sans nombre dont est semée la route que nous avons parcourue». A. Jourdain, *Recherches critiques sur l'âge et l'origine des traductions latines d'Aristote et sur des commentaires grecs ou arabes employés par les docteurs scolastiques*, Paris, Joubert, 1843, pp. 107–108.

113  Menéndez Pidal, *España, eslabón...*, pp. 36–37.

114  Vélez León, «Sobre la noción...», pp. 537–579: 565.

115  À propos d'un «Oriente libresco» et «di modi molto diversi di descrivere il mondo a partire dai libri» cf. G. Zaganelli, «Il meraviglioso geografico medievale. Per una ridefinizione», in *Monaci e pellegrini nell'Europa medievale. Viaggi, sperimentazioni, conflitti e forme di mediazione*, sous la dir. de F. Salvestrini, Firenze, Polistampa, 2014, pp. 57-72: 71.

116  Bronzini, «Medioevo magico e religioso...», p. 477.

En conclusion, tout le monde aujourd'hui s'acccorde sur le fait que Tolède fut un carrefour culturel de grande importance[117]. Laurence Harf-Lancner souligne que l'école de cette ville révèle « une nouvelle conception de la magie, considérée comme une discipline intellectuelle susceptible d'entrer dans un *cursus studiorum* »[118], tandis que Joël Biard affirme que « la magie s'établit, se définit, s'affirme dans des relations de voisinage, de subordination ou de conflits avec d'autres domaines : l'ensemble de la philosophie naturelle, la médecine, l'astrologie et l'astronomie, la science des talismans »[119].

Du XIe au XIIe siècle, l'essor de la vie économique, soutenu par les trafics dans la mer Méditerranée, et le début de la *Reconquista* espagnole contribuèrent à la diffusion en Europe de contenus philosophiques appartenant à la science hellénistique et arabe.

Dans le cadre d'un nouveau et vaste domaine du savoir qui se constitue, trouvent place des notions de médecine, d'astronomie, de chimie, des disciplines qui ne sont pas distinctes de celles qui sont davantage liées

---

117 Comme le signale Verelst, il existait une légende qui disait qu'à Tolède on enseignait l'art diabolique. Cela est documenté dans le texte *Dialogus miraculorum* de Césaire de Heisterbach, selon lequel certains élèves incitaient leur maître à évoquer les diables de l'enfer. Cf. Verest, « L'art de Tolède ou le huitième... », p. 14. De plus l'auteur lui-même dédie une partie de sa recherche au mythe de Tolède et soutient que l'intérêt de beaucoup de chansons de geste envers « l'école de Tolède », un lieu où certains personnages disent avoir « appris » l'art de la magie, est le résultat d'un malentendu sur ce qui réellement se passait là-bas : « Il me semble donc bien évident que c'est l'ignorance des activités réelles de l'école de traduction qui a donné lieu à ce mythe de Tolède, dont nous avons pu relever quelques traces dans les chansons étudiées ». Verelst, « L'enchanteur d'épopée... », pp. 152–154 : 154.

118 Cf. Lancner, *Les fées...*, p. 416. D'autres références à l'école de magie de la ville de Tolède se trouvent chez S. Roblin-Dublin, « L'école de magie de Tolède. Histoire et légende », in *Histoire et littérature au Moyen Âge*, par D. Buschinger, Göppingen, Kümmerle, 1991, pp. 419–433, où l'auteure dresse un panorama utile et articulé des textes médiévaux qui mentionnent l'école de magie de Tolède : le *Maugis d'Aigremont*, le *Gui de Warewic*, le *Roman de Wistasse le moine*, *La Clef d'amors*, le *Roman de Bauduin de Sebourc*, enfin le *Roman de Mélusine*.

119 Federici Vescovini, *Le Moyen Âge...*, p. 7. Nous nous référons en particuler à la préface de J. Biard au livre de Federici Vescovini.

à la magie, telles que l'astrologie ou l'alchimie. Ces considérations nous permettent de démontrer l'incertitude et l'imprécision de certains concepts et sphères de connaissance clairement identifiables dans la pensée médiévale. Comme l'affirme Aaron Gurevich, « il carattere globale di tale concezione del mondo, tuttavia, non ne presuppone affatto l'armonicità e la non contraddittorietà »[120]. Il s'ensuit que, pour ce qui concerne le Moyen Âge, le facteur le plus surprenant est le sentiment de l'impossibilité de fragmenter les éléments de la pensée, et donc la globalité et le fait que le savoir ne soit pas classé dans des catégories nettement définies.

Plus particulièrement en relation avec le phénomène de la magie, on peut observer que

> « The activities designated by the term natural magic had a strong tendency to become indistinguishable from some other activity more properly called by another name; magic was always on the point of turning into art, science, practical psychology or, above all religion »[121].

En définitive, le nouveau climat intellectuel élève la magie au rang d'expression scientifique et culturelle et lui confère une pleine crédibilité. En ce sens, même Alphonse X le Sage incluait la magie parmi les disciplines scientifiques en raison d'une idée d'origine aristotélicienne, et transmise par les musulmans, qui se fondait sur l'idée que la connaissance des secrets de la nature était un don de Dieu offert comme récompense aux seuls savants[122]. Et finalement « il ritorno in Occidente della magia come elevata espressione scientifico-culturale è strettamente legato a questo clima intellettuale e alla

---

120 Cf. A. Gurevich, *Le categorie della cultura medievale*, Torino, Einaudi, 1983, p. 13.

121 Cf. D. P. Walker, *Spiritual and Demonic Magic*, London, The Warburg Institute, 1958, p. 75. Parmi bien d'autres, figure aussi Limentani qui dans son étude sur l'*Entrée d'Espagne* affirme qu'au Moyen Âge les lignes de démarcation entre astronomie, astrologie, nécromancie et d'autres formes d'art ne sont pas clairement définies, tout comme il manque une claire distinction entre les « arts » licites et illicites. Cf. A. Limentani, « Astronomia, astrologia e arti magiche nell'*Entrée d'Espagne* », in *Medioevo e Rinascimento veneto con altri studi in onore di Lino Lazzarini. Dal Duecento al Quattrocento*, Padova, Antenore, coll. « Medioevo e Umanesimo », I, 1979, p. 142.

122 C. Alvar, *Traducciones y traductores. Materiales para una historia de la traducción en Castilla durante la Edad Media*, Alcalá de Henares, Centro de Estudios Cervantinos, 2010, pp. 137–145.

trasmissione di questi e altri testi »[123]. Parmi les œuvres les plus répandues se trouvent le *Liber de Causis* et la *Pseudo-Théologie*, des textes imprégnés d'éléments néoplatoniciens tirés des œuvres de Plotin et Proclus[124].

La *Pseudo-Théologie* revêt surtout une importance particulière pour la magie. Ce texte, réalisé dans le circuit culturel du philosophe arabe Al Kindi au cours de la première moitié du IXe siècle, est une œuvre caractérisée par un ample syncrétisme qui met ensemble les apports de la philosophie grecque et les valeurs de la religion musulmane. Il consiste, en substance, en une paraphrase en langue arabe des traités IV, V, VI des *Ennéades* de Plotin[125]. Ce n'est pas seulement dans la *Pseudo-Théologie* que l'on parle de magie, car déjà à partir de Plotin sont explorées les causes des événements magiques « che si verificano anche senza l'apporto di particolari artifizi; anzi la vera magia è il principio dell'amicizia e della contesa

---

123 Cardini, *Magia, stregoneria...*, p. 27.

124 Au sujet de l'introduction de la philosophie arabe en Occident, cf. Cardini, *Magia, stregoneria...*, pp. 27–28 et C. Vasoli, *La filosofia medievale*, Milano, Feltrinelli, 1961, pp. 235–259.

125 La *Pseudo-Théologie* d'Aristote remonte à la paraphrase arabe des *Ennéades* de Plotin. Cette version, nommée aussi *Plotin arabe*, est parvenue en plusieurs écrits, parmi lesquels se trouve la *Pseudo-Théologie* d'Aristote, puis l'*Epistola sulla scienza divina*, ainsi qu'un recueil de *Detti del sapere greco*. Une synthèse approfondie des problématiques relatives à la structure textuelle complexe et à ses différentes sources se trouve dans C. D'Ancona, « The *Theology* attributed to Aristotle. Sources, Structure, Influence », in *The Oxford Handbook of Islamic Philosophy*, éd. Khaled el-Rouayheb et S. Schmidtke, Oxford, Oxford University Press, 2016, pp. 8–29. À propos des sources, une autre question tout aussi articulée, la spécialiste avertit que « there are also many differences between the Arabic version and the original text » (p. 13). L'édition de l'œuvre est actuellement en cours de publication dans le cadre d'un projet de l'European Research Council « Greek into Arabic » sous la direction de Cristina D'Ancona (www.greekintoarabic.eu, 20-4-2020). Sur ce sujet, voir aussi C. D'Ancona, « The Textual tradition of the Graeco Arabic Plotinus. *The Theology of Aristotle*, its ru'us al-masa'il, and the Greek model of the Arabic Version », in *The Letter before the Spirit: The Importance of Text Editions for the Study of the Reception of Aristotle*, sous la dir. de A. M. I. van Oppenraay et R. Fontaine, Leiden-Boston, Brill, 2012, pp. 37–71. Nous remercions infiniment Cristina D'Ancona pour les précieuses suggestions et indications qu'elle nous a offertes.

che si trova nell'universo» (IV, 4, 40)[126]. Cependant, c'est surtout à partir
du néoplatonisme que l'on trouve une interprétation rationnelle de la magie
et d'autres phénomènes, qui se base sur les principes de sympathie et d'harmonie entre choses semblables. Par conséquent, l'acception que l'on a de la
magie ne correspond pas à son sens typiquement spectaculaire, mais inclut
de nombreux faits magiques qui se vérifient sans même qu'ils soient fruits
d'enchantements. Selon Plotin, la vraie magie se trouve dans le «tout» et
prend les noms d'Amour et de Querelle. En substance, le secret des pouvoirs magiques de l'enchanteur réside dans les caractéristiques naturelles
de l'univers, dans l'unique harmonie du «tout» et dans la capacité d'un
élément de subir l'attraction d'une autre partie du cosmos. Par conséquent,
en retournant au Moyen Âge, l'on observe que l'introduction des œuvres
des néoplatoniciens accentue la diffusion d'une dimension magique du
savoir. L'univers est expliqué comme un tout soutenu par des forces, des
«sympathies» et des «antipathies», qui s'attirent ou se repoussent. Voilà
où s'insère le sens de la magie et de la théurgie qui permettent de cueillir
les forces dynamiques qui régissent la réalité et de les solliciter pour obtenir qu'elles soient favorables. D'ici naît l'union entre la contemplation et
l'action magico-théurgique[127].

Lire la *Pseudo-Théologie* d'Aristote, ainsi que d'autres textes pseudo-
aristotéliciens, nous permet de connaître les racines historico-culturelles
de la magie, des effets de l'amour et de ce que l'on définira le naturalisme
magique du Moyen Âge et de la Renaissance[128].

---

126 *Plotino, Enneadi*, éd. M. Casaglia, C. Guidelli, A. Linguiti et F. Moriani,
   Torino, UTET, 1997, *ad vocem*. Le renvoi de Plotin à Empédocle explique
   comment beaucoup de choses adviennent sans être le résultat d'une véritable
   magie. Toutefois, Plotin, en polémique avec les gnostiques, selon qui la chute
   de l'âme est une chute mortelle, dit au contraire que la chute est nécessaire et
   n'a rien de moral.
127 Il s'agit d'une observation de E. Masi, *Il pensiero ellenistico*, Bologna, Clueb,
   1981, p. 325 et suiv. À propos de la réception de Plotin au Moyen Âge, à
   travers des traités paraphrasés en arabe comme la *Pseudo-Théologie* d'Aristote, voir R. Chiaradonna, «Plotino (Plotinus, 205–270)», *Bruniana &
   Campanelliana* 14, 2008, pp. 521–528.
128 Pour ce qui concerne les aspects spécifiques que nous traiterons, voir notamment: R. Klein, *La forma e l'intelligibile*, Torino, Einaudi, 1975, pp. 16–17,

Dans la *Pseudo-Théologie* est exposée de manière dialogique la doctrine néoplatonicienne d'un développement qui part de Dieu et qui, à travers l'esprit, met en œuvre l'âme pour ensuite procéder vers les choses. La version arabe de l'œuvre pseudo-aristotélicienne, publiée sous la direction de Dieterici, confirme que :

> « Denn es ist eine durch Rede und Gegenrede durchegeführte Daestellung der Neoplatonischen Grundlehre von einer Entwictkelung aus Gott durch den Geist zur Seele, und von dieser auf die Natur un die Dinge »[129].

La lecture de certains passages de la *Pseudo-Théologie*[130] nous renvoie à de semblables argumentations lorsqu'elle parle des « active things which are in the world »[131]. Sur ces bases, nous pouvons constater que dans le domaine de la conception dynamique du monde soutenue par les néoplatoniciens se déploie une « force » ou une « attraction » exercée par la matière

---

bien que la contribution plus exhaustive à ce propos reste celle de Federici Vescovini, *Le Moyen Âge...*, p. 20.

129  La *Pseudo-Théologie* a été éditée pour la première fois par F. Dieterici en 1882. Cf. F. Dieterici, *Die Sogenannte Theologie des Aristoteles aus Arabischen Hand-schriften zum Ersten Mal Herausgegeben*, Amsterdam, Rodopi, 1882, imprimée en 1965, p. 6. La citation est tirée de la préface de Dieterici. Une bibliographie exhaustive sur le développement de l'édition de la *Pseudo-Théologie* d'Aristote à partir de Dieterici jusqu'au projet ERC se trouve dans G. Mandolino, « La testimonianza del patriarca nestoriano Israel di Kaškar (m. 872) sulla *Pseudo-Teologia di Aristotele* », *Studia graeco-arabica* 8, 2018, pp. 153–166 : 154.

130  Nous faisons ici référence à l'édition qui est jointe au texte des *Ennéades* de Plotin avec la traduction en anglais des textes plotiniens en arabe : *Plotini Opera Tomus II – Enneades IV-V*, ediderunt P. Henry et H.R. Schwyzer Plotiniana Arabica ad codicum fidem anglice vertit (G. Lewis), Paris, Desclée de Brouwer, 1959, p. 139. Selon Thillet, cette édition représente un progrès énorme sur la traduction Dieterici (1883) et sur les éditions du texte arabe (Dieterici, 1882 ; Badawī, 1955). Pour un profil synthétique de l'architecture complexe de cette édition, voir le compte rendu de P. Thillet, *Arabica* 12, 1965, pp. 318–325 : 318.

131  Plus en détail : « Similary the man who hears a spell does not understand the word oft he spellbinder, but when the effect falls on him he feels that effect ; that effect in due not to the spell but to the active things which are in the world, although even if he feels the effect falling on him that the effect falls only in the brute soul, while the reasoning soul does not receive that effect at all » (*Plotini Opera Tomus II – Enneades IV-V...*, p. 139).

sur l'homme, ce qui peut expliquer l'origine de la tentation matérielle, de l'amour, de la magie et peut-être même du vol.

Si, en effet, nous relisons certains passages de la *Pseudo-Théologie*, nous pouvons y voir comment la matière physique exerce sur l'âme non rationnelle une sorte de fascination que l'homme finit par subir[132].

La *Pseudo-Théologie* constitue par ailleurs une source importante même pour le *Canon*[133]. Ici, Avicenne (Ibn Sina), médecin et philosophe musulman du Xe siècle, confirme la véracité de l'hypothèse selon laquelle:

« The doctrine of love found in the *Theology of Aristotle* is determined by its Neoplatonic evaluation of reality by a radical differentiation in value between the "high", "spiritual" and the "low", "natural" world. [...] Insofar as it is attraction to external beauty such as that of women, love is disposition of "nature" aroused by a certain "sorcery" or "seduction" (*sihr*) » [134].

L'influence de l'action magique pouvait être en effet étendue aussi au domaine de l'amour, où l'enchantement se réalise par le biais de la beauté visuelle ou spirituelle et où dans la nature même de la magie est ancré le sens d'une transformation possible des choses les plus hétérogènes[135]. Selon

---

132  « If the man of action acts wanting the beauty of the things he does and desires, he receives the effects of magic, because he has ignored the true beauty and seen only the trace and shadow of beauty and imagined that is was true beauty » (*ibidem*, p. 147).

133  Cf. Avicenna, *Libro della guarigione*, éd. A. Bertolacci, Torino, UTET, 2015. Sur cet argument, nous signalons l'avis de Cosmacini pour qui « Il *Canone* rappresenta la più ordinata e completa ricapitolazione della medicina ippocratico-galenica, unita alla filosofia-biologia di Aristotele e integrata da consistenti apporti personali » (Cosmacini, *L'arte lunga...*, p. 152).

134  La considération de l'amour s'insère pour Avicenne dans un plus ample contexte philosophico-culturel qui associe médecine, magie et justement amour. À ce propos, voir: E. L. Fackenheim, « A Treatise on Love by Ibn Sina » (trad. Emil L. Fackenheim), *Medieval Studies* 7, 1945, pp. 208–228: 209.

135  « Or ce qu'elles supposent, c'est la croyance en la transformation possible des choses les plus hétérogènes les unes dans les autres et, par suite, l'absence plus ou moins complète de concepts définis » : (http://classiques.uqac.ca/classiq ues/mauss_marcel/essais_de_socio/T7_formes_classification/formes_classif ication.pdf 08/06/2021); cf. aussi É. Durkheim, H. Hubert et M. Mauss, *Le origini dei poteri magici*, Torino, Boringhieri, 1977, pp. 20–21. Voir aussi l'indispensable œuvre magistrale de L. Thorndike, « Magic Witchcraft Astrology and Alchemy », in *The Cambridge Medieval History* 8, Cambridge University Press, 1936. Nous renvoyons notamment à un essai de L. Thorndike, « The

Avicenne, l'enchantement peut être exercé sur l'homme dans le cas où ce dernier entrerait dans une disposition « naturelle » et se laisserait assujettir à l'attraction amoureuse ou aux tentations matérielles. Par ailleurs, à partir de la disparition des choses visibles, une homologie entre le rôle du *voleur* et celui du *magicien* vient se créer. Le concept de la chute de l'âme dans le corps naît à la lumière de l'enchantement qu'elle subit devant la matière. Cette interprétation expliquerait également la fluidité des passages entre la magie et le vol, et par conséquent pourrait peut-être offrir une suggestion importante pour démontrer la complexité du topos du larron-enchanteur et les ascendants d'origine orientale dont il a subi l'influence.

De plus Klein dans son étude sur le naturalisme magique du Moyen Âge et de la Renaissance et sur les composantes magiques du *spirito peregrino* s'interroge sur la possibilité que certaines tentations matérielles, comme le vol, puissent devenir une sorte d'emblème de l'« attrazione della materia, cioè, agli occhi del filosofo, l'incantesimo per eccellenza »[136].

Bien que la *Pseudo-Théologie* ait été une des premières révélations des trésors de littérature grecque conservés chez les Arabes, elle ne fut traduite que tardivement en latin dans une édition assez interpolée : « als 1519 in Rom die freilich höchst vage ungenaue Paraphrase dieses Werkes erschien unter dem Titel *Sapientissimi Aristotelis Stagiritae Theologia sive mistica philosophia secundum Aegyptios noviter reperta et in Latinum castigatissime redacta* »[137]. Malgré cela, cette édition latine conserve dans une sorte de sommaire les mêmes évaluations philosophiques qui consentiraient à

---

Latin Pseudo-Aristotle and Medieval Occult Science », *The Journal of English and Germanic Philology* 21, 1922, pp. 229–258 : 258, où l'auteur signale la différence entre le « Magus » comme savant persan, une figure incarnant l'altruisme et la positivité qui respecte les lois, et le « magician » qui par contre incarne la négativité.

136 Cf. Klein, *La forma e l'intelligibile...*, p. 20.

137 Dieterici, *Die Sogenannte Theologie...*, p. 6. Cette édition – poursuit Dieterici – souleva à ce moment-là un grand intérêt, mais dut se confronter avec « die Kritiklosigkeit des Mittelalters ». Thorndike nous informe qu'après sa publication à Rome en 1519 elle fut imprimée aussi à Paris en 1572. D'autres spécialistes, parmi lesquels Martin Grabmann et Matthias Baumgartner, dans leurs essais du début du XXᵉ siècle, avancent l'hypothèse que la diffusion du texte eut lieu « as early as 1200 ». Thorndike, *The Latin Pseudo-Aristotle...*, p. 231, note 9.

expliquer la chute de l'âme dans le corps à travers l'enchantement que celle-ci subit devant la matière ; en effet, nous lisons que « Fascinationis initia altius repetuntur ex ipsa natura, atque ostenditur vitia omnia, in qua nostra sponte incidimus, a quadam animi fascinatione proficisci »[138]. Cette traduction tardive nous permet donc de supposer que cette œuvre était justement parmi celles qui circulaient à Tolède où, comme nous l'avons déjà dit, « se aprendía cuanto un cristiano nunca debería de saber »[139].

Ce qui est certain, c'est que, même au-delà des possibles traductions qui circulaient en Occident, à Tolède les traductions étaient écrites « a cuatros manos » ou « con dos intérpretes »[140], et qu'il n'était pas rare de trouver des traducteurs musulmans qui connaissaient le latin et des traducteurs chrétiens qui connaissaient l'arabe.

En tout cas, au-delà de l'individuation précise de certaines œuvres plutôt que d'autres, nous ne voulons pas attribuer à la *Pseudo-Théologie* la valeur de seule et unique source à partir de laquelle l'on peut faire ressortir les fondements logiques et philosophiques qui permettent d'avancer une hypothèse concernant la manière dont la magie peut se rapprocher du vol. Nous pensons plutôt que ce sont des suggestions philosophiques telles que celles que nous avons indiquées, qui ont d'une certaine manière influencé le complexe climat culturel dont le topos est issu et s'est épanoui.

Avant de nous pencher sur l'évolution du personnage du larron-enchanteur, nous nous bornons ici à observer que les reflets d'un lointain topos, dont il ne nous reste que des allusions, semblent filtrer aussi dans

---

138 *Libri XIV qui Aristotelis esse dicuntur, de secretiore parte divinae sapientiae secumdum Aegyptios*, livre VI, Paris, 1572, f. 54v. Ce passage, selon les indications de Cristina D'Ancona, correspondrait aux pages 75–76 de la *princeps* de Dieterici et aux pages 147–149 de l'édition des *Énéides* sous la direction de Henry et Schwyzer, traduite par Lewis. Le passage en arabe est très proche de l'original grec, tandis que la traduction latine est abrégée drastiquement.

139 Villanueva, « In Lingua Tholetana… », p. 28. À ce propos l'on observe que « las disciplinas que enseñaban correspondían a parcelas de conocimientos diseñadas por el mundo islámico : filosofía, astrología y artes mágicas » (M. Gargatagli, « La historia de la escuela… », p. 12).

140 Cf. S. Vegas Gonzáles, *La Escuela de Traductores de Toledo en la Historia del Pensamiento*, Tolède, Serrano, 1998, p. 28. L'auteur en parle comme de l'une des différentes et multiples modalités de traductions, et pas comme si elle était l'unique existante.

le *Commento* de Iacomo della Lana au chant XX de l'*Enfer*, consacré à la magie, ou Dante y présente le personnage de Michel Scot, connu au Moyen Âge pour ses traductions d'Aristote et d'Avicenne et qui travaillait à la cour de Frédéric II. De ce philosophe, Iacomo, glosant les vers relatifs à Scot, là où dans l'*Enfer* il était puni en tant que magicien, raconte que lorsqu'il se trouvait parmi une joyeuse bande de camarades

« mai non facea fare alcuna cosa de cusina in soa casa, ma avea spirti a so comandamento, ch'el facea tore lo lesso della cusina del re de França, e 'l rosto de quella del re d'Ingelterra, le tramesse de quel de Cecilia, lo pane d'un logo, e 'l vino d'un altro, confetti e frute donde li piaxea. E queste imbandisuni deva alla soa brigada, poi doppo pasto dixea: "Dello lesso lo re de França fo vostro osto; del rosto quel d'Ingelterra", etcetera»[141].

Michel Scot est-il donc présenté comme une sorte de *larron-enchanteur*? Cette description semble rappeler les tours de Maugis qui, d'un esprit railleur, soustrait les trésors à l'empereur.

Ainsi, peut-être, le topos du larron-enchanteur continue d'exercer son charme chez les auteurs et leur public, manifestant une étonnante continuité dans le temps et dans l'espace même en dehors de la littérature épique.

---

141 Cf. *Iacomo della Lana. Commento alla 'Commedia'*, éd. M. Volpi, con la collaborazione di A. Terzi, Roma, Salerno, I, 2009, p. 604.

# III MUTATIONS

## De Maugis à Malagigi

Dès l'époque de Dante et de Brunetto Latini se manifesta au sein de la culture italienne un vif engouement pour la France. Aux yeux de l'Italie divisée et belliqueuse, le monde féodal français apparaissait comme un modèle non seulement politique et idéologique, mais aussi littéraire. En effet, dans l'imaginaire commun, la France était la nation qui, plus que toute autre, était perçue comme un rempart politique et militaire précieux pour protéger l'Italie du possible danger turc. En ce sens, il est facile de comprendre comment put mûrir à partir du XIVe siècle le succès des personnages carolingiens, notamment ceux liés aux chansons du cycle du *Renaut de Montauban*[142]. Nous savons qu'en Italie les sympathies du public allaient toutes à Renaut, héros audacieux et réfractaire à l'autorité, car au XIVe siècle des similitudes de situation entre l'Italie, objet des visées expansionnistes des pays voisins, et les aventures des vassaux révoltés étaient vivement ressenties[143]. Rebelle à l'empereur, Renaut se présente ainsi comme particulièrement proche d'une Italie qui ne supporte plus les constantes invasions des peuples voisins[144].

---

142  Sur les conditions qui ont rendu possible la réception de l'imposante « saga rinaldiana » en Italie, voir M. Villoresi, *La letteratura cavalleresca. Dai cicli medievali all'Ariosto*, Milano, Carocci, 2000, pp. 92–96. Plus en général, sur la diffusion de l'épique en Italie voir M. L. Meneghetti, «Fortuna e canone dell'epopea francese in Italia: l'evidenza della tradizione manoscritta», in *Carlo Magno in Italia e la fortuna dei libri di cavalleria*. Atti del Convegno internazionale di Zurigo (6–8 maggio 2014), sous la dir. de J. Bartuschat et F. Strologo, Ravenna, Longo, 2016, pp. 55–66.

143  Selon Sciancalepore « c'est la version la plus incivilisée de Rinaldo qui triomphe dans la tradition italienne ». A. Sciancalepore, « Renaud et Rinaldo : négation et retour du chevalier sauvage », in *Par devers Rome m'en revenrai errant*. XXe Congrès international de la Société Rencesvals pour l'étude des épopées romanes, sous la dir. de M. Careri, C. Menichetti et M. T. Rachetta, Roma, Viella, 2017, pp. 347–355 : 354.

144  À propos de la circulation en Italie du *Renaut de Montauban* dans la littérature chevaleresque, nous aimerions faire référence à A. Negri, « Sur les traces d'un roman chevaleresque méconnu : le *Rinaldo Appassionato* », in *Reinold*.

Le succès des personnages carolingiens apparaît aussi à travers la diffusion d'une véritable « saga rinaldiana »[145] qui va d'une ample série de réécritures anonymes – comme les *Cantari di Rinaldo da Montalbano* au XIVe siècle – aux nombreux romans épiques chevaleresques parus entre le XIVe et le XVe siècle, tels que le *Fioretto dei Paladini, La draga di Orlando,* l'*Orlando laurenziano,* les *Sale di Malagigi,* la *Grande Battaglia del Gigante Malossa,* les cinq rédactions des *Storie di Rinaldo da Montalbano* ou le *Rinaldino da Montalbano.* Les personnages du *Renaut* sont célébrés non seulement dans ces textes anonymes, mais aussi dans des œuvres beaucoup plus connues, telles que le *Morgante,* le *Orlando innamorato,* le *Mambriano* et l'*Orlando furioso.*

De ce domaine ample et articulé, il découle que la littérature épique chevaleresque italienne présente une certaine complexité, car elle comprend une grande quantité de poèmes et de romans épiques chevaleresques anonymes encore peu étudiés par la critique, au contraire des œuvres d'auteurs comme Luigi Pulci, Matteo Maria Boiardo, Ludovico Ariosto.

Avant de passer à l'analyse du personnage de Maugis/Malagigi, il est nécessaire d'apporter quelques clarifications permettant d'aborder ce champ d'investigation en toute connaissance de cause. Les aspects qui entravent la compréhension objective de ces poèmes et romans sont l'incontestable longueur des textes, la grande quantité d'exemplaires en circulation et la méfiance d'une certaine partie de la critique à chercher leurs traces dans l'imaginaire des artistes les plus connus de la Renaissance jusqu'à l'intérieur de cette « cloak of anonymity of author »[146] dont ils auraient été une source d'inspiration. Cette typologie de textes vulgarisateurs en série, qui peut être incluse d'après certains chercheurs, dans la catégorie de paralittérature[147], a sûrement contribué à la naissance du lecteur de masse de la Renaissance,

---

*Ein Ritter für Europa,* sous la dir. de B. Weifenbach, Berlin, Logos, 2004, pp. 99–111.

145 Par « saga rinaldiana », selon Villoresi, il faut entendre l'histoire « potenzialmente infinita » qui comprend « zibaldoni di manoscritti ancora quasi del tutto trascurati dagli studiosi » (Villoresi, *La letteratura...,* pp. 86–89 : 87).

146 J. E. Everson, « The Epic Tradition of Charlemagne », *Cahiers de recherches médiévales et humanistes* 12, 2005, pp. 1–30 : 10.

147 Cette définition est de L. Ricci, *Paraletteratura. Lingua e stile dei generi di consumo,* Roma, Carocci, 2013, pp. 13–15.

le public parfait pour ce type de divertissement. Dans toutes ces œuvres, la *vox populi* dont les auteurs se faisaient porteurs des sentiments et des revendications de caractère didactique et moral faciles à véhiculer. C'est bien cela qui a permis une circulation prospère des ouvrages, ainsi que leur édition[148]. C'est ici que s'enclenche un nouveau mode de communication qui s'exprime moins explicitement et agressivement par rapport aux tons de l'ancienne propagande médiévale et qui – sans pour autant renoncer à un intrigant moralisme de fond – n'aspire plus à des propos fortement édifiants[149]. Par conséquent, même les thématiques relatives au monde musulman ou à la guerre, sont vues sous un nouveau jour, plus sensible aux nouvelles valeurs interculturelles. À la place de la collectivité qui pouvait transparaître dans les chansons de geste, nous voyons avancer sur la scène un individu désormais éloigné de son idéologie féodal et plus présent à sa responsabilité personnelle. C'est donc dans cette optique que nous devons interpréter l'évolution de Maugis à Malagigi.

## Les *Cantari di Rinaldo da Montalbano*

Pour ce qui concerne les rapports entre le *Renaut* et la tradition italienne en général, il est utile de préciser qu'en Italie à la fin du XIVᵉ siècle, il existe deux rédactions assez différentes entre elles : une version franco-italienne[150], le ms. V français XVI de la Biblioteca Marciana, conservatrice autant dans la langue que dans l'intrigue, et une version novatrice, la rédaction toscane

---

148  Sur ce thème voir G. Bettin, *Per un repertorio dei temi e delle convenzioni del poema epico e cavalleresco : 1520–1580*, Venise, Istituto Veneto di Scienze, Lettere ed Arti, 2006. Plus en général, voir C. Cabani, *Le forme del cantare epico-cavalleresco*, Lucca, Pacini-Fazzi, 1988.

149  Pour un approfondissement sur l'emploi politique de l'épique, voir D. Quint, *Epic and Empire. Politics and Generic Form from Virgil to Milton*, Princeton, Princeton University Press, 1993.

150  Sur le codex de la Marciana, nous nous permettons de renvoyer à A. Negri, « Un codice del *Renaut de Montauban* in Italia : dalla Biblioteca dei Gonzaga alla Biblioteca Marciana », *Quaderni di filologia romanza. Rivista di linguistica letteratura critica testuale* (QFR) 25, 2017, pp. 133–150. La rédaction, de provenance mantouane, remonte à la première moitié du XIVᵉ siècle.

des *Cantari di Rinaldo da Montalbano*[151], qui contamine l'intrigue du *Renaut de Montauban* avec la narration du *Maugis d'Aigremont*.

Aucun rapport direct ne semble se tisser entre ces deux versions italiennes au niveau de la transmission manuscrite[152]. Toutefois, au-delà des possibles rapports existants entre les deux versions répandues en Italie, il est incontestable que la légende française des vassaux rebelles a abondamment circulé en donnant lieu à des *cantari*, des romans en vers et en prose en langue italienne[153].

Afin de suivre « los caminos del personaje »[154], plutôt que d'examiner la rédaction du ms. V, qui s'aligne aux autres versions traditionnelles, nous trouvons plus utile de nous arrêter à la réécriture en de nombreux aspects originelle des *Cantari di Rinaldo da Montalbano*. Cette question nous tient particulièrement à cœur car – entre autres – l'éditeur a été notre maître Elio

---

151  Il existe une autre version en rimes postérieure à celle conservée dans la Biblioteca Riccardiana de Florence, cod. 363. Le texte est incomplet, mais bien plus ample et a servi de modèle pour la mise en prose ; cf. P. Rajna, « Frammenti di un'edizione sconosciuta del *Rinaldo da Montalbano* in ottava rima », *La Bibliofilia* 9, 1907, pp. 132–149.

152  Melli, en réponse à la thèse de Pio Rajna, de Ferdinand Castests et de Florence Callu-Turiaf selon laquelle le manuscrit de la Marciana serait un texte de conjonction entre les traditions française et italienne, a au contraire soutenu qu'il existe, entre le *Renaut* et les *Cantari*, un « vuoto » qui « può solo essere colmato da congetture e illazioni ». Cf. *I Cantari di Rinaldo da Monte Albano*, éd. E. Melli, Bologna, Commissione per i testi di lingua, 1973, p. 7 et aussi F. Callu-Turiaf, « Notes sur une version disparue de la chanson de *Renaut de Montauban* en franco- italien », *Le Moyen Âge* 68, 1962, pp. 125–130.

153  « La tradizione epica italiana nel suo complesso appare, già lo si è detto, singolarmente selettiva, se non addirittura povera : tenuto conto degli esiti successivi, e, *in primis*, canterini, viene da pensare che in Italia circolassero più racconti orali, o perfino sunti di leggende epiche, che non modelli scritti ». Meneghetti, « Fortuna e canone dell'epopea francese…. », p. 60.

154  Cf. Pilar L. Gradín, « El camino, los caminos », in *Los caminos del personaje en la narrativa medieval*, sous la dir. de P. L. Gradín, Firenze, Edizioni del Galluzzo, 2006, pp. 9–18 : 17. L'auteure affirme en effet : « Superadas las barreras de las teorías hegelianas, marxixistas e, incluso, estructuralistas, los personajes medeievales aparecen bajo otra luz si no se les aplican prejuicios historicistas y si se aprovechan las aportaciones de la moderna crítica literaria sin apriorismos reductores que limiten el campo de investigación de modo unilateral ».

Melli qui fut le premier, à partir des années 1970, à mener une analyse philologique minutieuse en comparant les textes en ancien français et la réécriture italienne. Il a ainsi offert des pistes de réflexion sur le changement de l'envergure de certains personnages au cours de leur évolution d'une tradition à l'autre.

La version de référence des *Cantari di Rinaldo da Montalbano* rapporte une rédaction de la fin du XIVᵉ siècle, celle du manuscrit Palatino 364, conservée à la Bibliothèque nationale centrale de Florence[155] et qui réélabore de façon évidente des matériaux épiques préexistants, sans pour autant renoncer à une certaine dose d'originalité. Dans les *Cantari*, l'auteur toscan emploie les normes d'exécution *canterina* typiques du XIVᵉ siècle et les modèles d'authentification de l'histoire narrée qui renvoient à des sources préexistantes. Ces éléments sont directement repérables dans les octaves du ms. Palatino, où l'auteur italien indique la référence à un précédent modèle écrit en vers[156]. Toutefois, dans la réécriture l'ont identifie des aspects originaux pour ce qui concerne les profils de certains personnages qui nous permettent de documenter le contact fécond existant entre la littérature épique française et la littérature chevaleresque italienne. Selon Melli, les *Cantari* auraient puisé autant dans une tradition en vers que dans une tradition en prose. Il est intéressant de remarquer que les rédactions en vers du *Renaut de Montauban*, plus proches du manuscrit Palatino 364 sont justement les plus anciennes (les mss. DPA), bien que l'on ne puisse pas délaisser l'existence de rapports avec le groupe plus récent (les mss. N et C très semblables entre eux) et la version en prose du ms. Londres, British Library, Sloane 960. Comme Melli l'indiquait avec précision, les

---

155 L'aire linguistique de provenance est celle de Florence. Quant à l'originalité, Melli affirme que les *Cantari* doivent être considérés comme « un'opera diversa pur nella generale corrispondenza dei contenuti » (p. 16). Le texte a été écrit à deux mains. La première se reconnaît sur les pages 1 à 56 et 96 à 254. L'autre s'insère de la page 60 à la page 95. Cf. *I Cantari di Rinaldo…*, éd. Melli. Même d'après Ferdinand Castets, les *Cantari di Rinaldo* sont une réélaboration assez originale de certaines parties des poèmes épiques français. Cf. F. Castets, *Recherches sur les rapports de chansons de geste et de l'épopée chevaleresque italienne*, Paris, Maisonneuve-Leclerc, 1887, pp. 196–197.

156 Nous faisons référence au *cantare* XX, 14, au *cantare* XXVII, 1 et au *cantare* XXIX, 40 de l'édition de Melli, *I Cantari di Rinaldo*.

neuf premiers *cantari* correspondent dans les grandes lignes au *Beuves d'Aigremont*, prologue du *Renaut*. Dans ce segment narratif, on assiste aux missions diplomatiques d'Enguerrans et Lohier auprès de la cour du duc Beuves. Dès cette partie, l'attention du *canterino* se concentre en particulier sur certaines figures plutôt que d'autres[157]. La narration se poursuit aventureuse et conforme au goût romanesque des aventures de Renaut en Orient, avec l'entrée dans l'histoire de nains et de géants[158]. Enfin, du *cantare* XV au *cantare* XLI, le cours des événements du *Renaut de Montauban* recommence à être suivi très fidèlement « perfino nelle parole »[159].

Venant enrichir le cadre des rapports des *Cantari* avec la tradition épique précédente, il faut certainement mentionner aussi l'apport du *Maugis d'Aigremont*. Cette chanson de geste a pour particularité d'« offrire giustificazioni e complementi alle storie di Renaut »[160]. De manière générale, « dans l'épopée italienne prévalent les attitudes déférentes et subordonnées des vassaux envers l'empereur »[161]. Pour comprendre cette dernière affirmation, rappelons que dans le *Renaut* les actions magiques permettaient à Maugis de déstabiliser et renverser l'ordre politico-idéologique de la féodalité, tandis que les *Cantari* apparaissent selon Maurizio Mazzoni :

> « distanziati dall'impianto più politicizzato e ideologicamente connotato delle *chansons* francesi e orientati verso un genere di narrazione che incontri il gusto del pubblico italiano, non partecipe e non coinvolto nel tipo di realtà feudale rappresentata dalle *chansons* di rivolta. Le situazioni proposte dall'autore italiano

---

157 Selon Melli, la réécriture se concrétise en certains changements de représentation : par exemple Beuves/Buovo apparaît comme un personnage bien moins subversif que l'original.

158 Comme souligné par Nicoletta Marcelli, ces épisodes constituent pour le texte « un'innovazione dell'opera italiana rispetto al modello francese ». Cf. N. Marcelli, « Per un'interpretazione allegorico-morale dei *Cantari di Rinaldo da Monte Albano* », *Interpres* 18, 1999, pp. 7–57 : 15.

159 E. Melli, « I *Cantari di Rinaldo* e l'epica francese ». Atti dell'Accademia delle Scienze dell'Istituto di Bologna. Classe di Scienze morali. Rendiconti 58, 1970, pp. 102–156 : 120.

160 Melli, « I *Cantari di Rinaldo* e l'epica... », p. 109.

161 Melli, « Caractéristiques philologiques et fabulistiques de la version italienne de *Renaut de Montauban* (*I Cantari di Rinaldo da Montalbano*) », in *Reinold...*, pp. 95–98 : 95.

risultano quindi prive di contenuto politico e si risolvono di fatto sul piano delle responsabilità individuali e dei sentimenti e pulsioni più elementari »[162].

Dans tous le cas, pour en revenir à l'incidence indéniablement importante du *Maugis d'Aigremont* sur les *Cantari*, dont nous avons parlé auparavant, il est nécessaire de rappeler qu'elle se réalise de manière prépondérante à trois moments : la naissance et l'enfance de Malagigi, les retrouvailles et l'agnition avec son frère jumeau Viviano, et enfin l'épisode qui voit Malagigi se déguiser en faux cardinal[163].

Analysons maintenant le rapport entre Maugis et Malagigi, qui se présente comme une question plutôt délicate, car il met en cause non seulement les problèmes ecdotiques de la tradition des chansons de geste et de leurs variantes, mais aussi ceux de l'histoire de la tradition, du rayonnement des textes épiques français et italiens. Il est avant tout essentiel de s'appuyer sur l'idée que la représentation de Maugis se manifeste différemment selon le manuscrit étudié, et ce déjà à partir des textes originaires des chansons de geste[164], ainsi que sur celle que l'évolution de Maugis à Malagigi ne peut pas faire abstraction du modèle de référence de l'ancienne tradition française[165]. Pour mener à bien cette tâche, nous partirons des octaves du premier *cantare* où Malagigi, à l'instar de Maugis, se présente de suite comme un preux chevalier « di gran possanza / savio ed ardito ». Comme le précise la suite, il est aussi magicien et conserve la caractéristique d'être un escroc, bien que pour lui les tours n'aient pas les finalités subversives de ceux de Maugis ; ils sont désidéologisés et ont des essors comiques bien marqués.

---

162 M. Mazzoni, « Maugis e Malagigi: la figura del mago ladro dalla *chanson de geste* ai cantari cavallereschi », in *Forme letterarie del Medioevo romanzo: testo, interpretazione e storia*. XI Congresso Società Italiana di Filologia Romanza (Catania, 22–26 settembre 2015), sous la dir. de A. Pioletti et S. Rapisarda, Rubbettino, Soveria Mannelli, 2016, pp. 349–363 : 360.

163 Selon Melli, « *I Cantari di Rinaldo* e l'epica... », p. 109.

164 Comme nous l'avons déjà vu, Verelst distingue dans la tradition manuscrite deux familles : les mss. DVCN d'une part et OPMAHL de l'autre.

165 Voilà pourquoi nous avons pensé documenter la présence et les gestes de Maugis dans les rédactions D et L, afin d'exemplifier la version d'une famille, ainsi que de l'autre.

> Or vo' di Malagigi un pogo dire
> come menò il buon destrier Baiardo
> e l'arme che fu di tanto disire
> onde Rinaldo [ne] fu molto gagliardo.
> Non so, signor, se avete udito dire
> di Malagigi come fu truffardo,
> benché fu cavalier di gran possanza
> savio ed ardito di gra' nominanza. I, 38.

Par la suite est relatée la biographie du personnage qui reproduit la narration du *Maugis d'Aigremont*, mais qui introduit aussi de nouveaux motifs
de caractère religieux comme celui du pèlerinage[166], tout à fait inconnus
dans la chanson de geste. En effet, dans le texte français, la naissance de
Maugis advient lors d'un moment de fête, tandis que dans les *Cantari*,
Malagigi naît de son père Beuves et de sa mère, après le pèlerinage à
Saint-Jacques-de-Compostelle.

> Si come piacque allo verace Iddio
> la donna in due figliuoli ingravidava.
> Di botto il duca Buovo si partìo
> colla sua donna : a San Giâme andava ;
> (e) nove mesi in quel tempo compìo,
> ond'ella in due figliuol si diserrava
> entro d'una gran selva della Spagna
> ed ivi fermò tutta sua compagna. I, 40

La suite des vicissitudes, du *cantare* X au *cantare* XIV, comme nous le
disions auparavant, voit encore de nombreuses situations alignées pour
la plupart sur la trame narrative du *Renaut*. Puis, lorsque les exploits
de Malagigi sont illustrés, on observe que le personnage reste ancré à sa
dimension originelle de bon magicien qui emploie des herbes et des potions
naturelles pour changer la couleur de Bayard, pour transformer Renaut en
un jeune homme (*cantare* XXIX), ou encore pour endormir les chevaliers
de Charlemagne par la technique de l'hypnose sans leur faire aucun mal
(*cantare* XLI, 8). Toutefois, comme le souligne Mazzoni,

> « L'aspetto evocativo legato alle pratiche di negromanzia dell'incantatore è
> quello che maggiormente contraddistingue il testo italiano rispetto al modello
> francese e pone le basi per lo sviluppo di una delle più famose qualità del

---

166  Melli, « *I Cantari di Rinaldo* e l'epica... », p. 110.

personaggio nella tradizione italiana successiva, ovvero la capacità di evocare e controllare figure infernali »[167].

Précisons aussi que cet art de la nécromancie ne doit pas être considéré comme excentrique par rapport aux modèles religieux de l'époque[168].

Une autre nouveauté concerne le motif du déguisement qui, dans les *Cantari di Rinaldo da Montalbano*, fait l'objet d'une narration qui comporte des différences significatives, car ici Charlemagne se fait véritablement berner, tandis que dans le texte français il n'est que raillé[169].

Dans le texte français, cet épisode est lié au siège voulu par Charlemagne dans la ville de Moncler pendant l'affrontement contre le duc Hernaut, oncle de Maugis. La tromperie est représentée par l'attitude de révérence de Charlemagne envers le faux cardinal qui l'invite avec véhémence à arrêter les hostilités contre son peuple chrétien, Renaut et les quatre frères, pour se concentrer plutôt sur les ennemis sarrasins.

Dans les *Cantari di Rinaldo*, cet épisode est reproduit avec quelques petites mais singulières différences, vu que Charlemagne y est victime d'un tour aux traits nettement comiques. Après avoir obtenu la trêve du siège de Ronsiglione, le souverain s'adresse au faux cardinal pour définir les conditions de paix avec les Chiaromontesi. Rinaldo et ses frères devront se rendre en pèlerinage au Saint-Sépulcre, mais l'effet comique se produit lorsque le faux cardinal recommande à l'empereur le même Malagigi :

---

167  M. Mazzoni, « Maugis e Malagigi : il mago-ladro dalla *chanson de geste* ai poemi cavallereschi », *Schifanoia* 56–57, 2019, pp. 31–37 : 33.

168  « Malagigi appartiene a quella categoria di maghi i quali, per cognizioni profonde dell'arte, possono sottomettere le potenze infernali in tutto e per tutto ai propri voleri, non già a coloro che, per ottenere ciò, han dovuto stringer patti col re dei regni bui ; quindi egli non perde mai completamente la grazia divina e la può, ad ogni modo, riacquistare facilmente » (S. Gugenheim, *Il mago Malagigi. Saggio per uno studio sopra la figura del mago nella letteratura cavalleresca italiana*, Milano, L'Educazione Moderna, 1910, p. 26).

169  « Come si vede, l'episodio di cui si tratta acquista nei *Cantari* un'importanza del tutto nuova e risolutiva. Mentre nel Maugis esso si esaurisce nella beffa, [...], nei *Cantari* si arricchisce di elementi e toni assolutamente originali e diviene determinante della pace relativa alla guerra conseguente alla morte di Buovo ». Melli, « *I Cantari di Rinaldo* e l'epica... », p. 120.

> Malagì[gi] disse: «El ti convien far pace
> con que' Cristian che sono in Ronsiglione».
> Rispuose il re: «Fate ciò che vi piace,
> io vi rimetto in voi la mia ragione».
> Malagì[gi] fe' l'accordo, buon, verace,
> e poi gli diè la sua benedizione.
> Udite come Malagì[gi] fe' patti,
> e come fôr[ono] della lor guerra tratti. IX, 15

Mazzoni explique à ce propos que: «Il travestimento di Malagigi in falso cardinale ha una valenza che non è più posta in relazione alla sovversione dell'ordine politico e ideologico feudale osservata nell'epica francese, ma che si misura con una diversa economia di potere che nell'Italia tardo trecentesca è legata saldamente al potere ecclesiastico»[170].

Du *cantare* XV jusqu'au *cantare* XLI, le *Renaut de Montauban* est fidèlement respecté et la réécriture italienne suit l'intrigue que l'on retrouve dans la chanson de geste originelle[171].

Une ultérieure variation se trouve dans la caractéristique que le vol acquiert dans la version italienne. Alors que dans les textes français le vol représentait une particularité du topos du larron-enchanteur Maugis, dans la tradition italienne la particularité de Malagigi «truffardo», *escroc*, se réalise sous d'autres modalités. En effet, on verra qu'il ne sera que le mandataire du vol «come Mal[a]gigi a Rinaldo sermona / di togliere al re Carlo la corona» (*cantare* XXIX, 1: 7–8), tandis que le réel auteur du vol des symboles impériaux sera Rinaldo.

Il est probable que ce déplacement de fonctions soit lié au poids croissant gagné par Rinaldo qui coïncide avec la progressive paupérisation du

---

170  M. Mazzoni, «Tra chanson e cantare: note a un cantare italiano del XIV secolo», in *Studi sulla letteratura cavalleresca in Francia e in Italia (secoli XIII-XVI)*, sous la dir. de M.Lecco, Alessandria, Edizioni dell'Orso, 2020, pp.63–72: 70.

171  Dans les *Cantari*, contrairement au *Renaut*, plutôt que la présence de Gano di Maganza, l'on remarque celle d'espions qui interviennent dix-huit fois dans la narration. «Évidemment, le rimeur ne les considère plus comme des ressorts pour faire avancer l'action. Pour que ces espions aient un visage et même un nom, et se révèlent capables d'actions originales et personnelles, il faut que l'auteur soit d'un niveau culturel plus élevé». Melli, «Caractéristiques philologiques... », p.98.

Maugis originel et de la tout aussi progressive « crisi del mago Malagigi »[172], comme nous le verrons dans le *Morgante*.

## Malagigi dans la littérature chevaleresque de la Renaissance

C'est sans doute pour le fait d'être une « figura poliedrica » et « cangiante »[173] que le Malagigi des *Cantari di Rinaldo da Montalbano* continue à avoir un succès indiscutable, non seulement dans d'autres *cantari*, mais aussi dans la littérature chevaleresque postérieure.

L'héritage du personnage de Maugis larron-enchanteur est recueilli notamment – peut-être pour la dernière fois de manière si achevée – dans le *Morgante* de Luigi Pulci, diffusé en Italie au XVe siècle. Cette œuvre parut lors d'un moment propice à la réception du mythe de Charlemagne et de ses paladins, vu comme un souhaitable rempart contre la menace turque[174]. Le fait que cet héritage arrive jusqu'au *Morgante*, une œuvre datable autour des années 1460, est peut-être en partie dû au fait qu'il utilise comme sources, entre autres, certaines proses du cycle rinaldien,

---

172  O. Pasotti, « Dai Cantari ai poemi cavallereschi : prestigio e crisi del mago Malagigi », *Rassegna della letteratura italiana* 95, 1991, pp. 39–48.

173  Pasotti, « Dai Cantari ai poemi cavallereschi… », pp. 41–42. Dans son essai, Pasotti déclare que Malagigi « è ancora pagano » (p. 42) en oubliant que sa généalogie même dans les *Cantari* peut se reconduire à la lignée des Aimmonidi. Il en sera autrement dans des *cantari* comme le *Fioretto dei Paladini*.

174  À propos de la complexe question du rapport entre l'*Orlando laurenziano* et les sources du *Morgante*, voir M. Mazzoni, « Il personaggio di Malagigi nel *Morgante* », in *Luigi Pulci. La Firenze laurenziana e il Morgante*. Atti del convegno di Modena, sous la dir. de L. Beggi Miani et M. C. Cabani, Accademia Nazionale di Scienze Lettere e Arti, 2018, pp. 219–234. Nous laisserons de côté la question fondamentale portant sur l'intertextualité entre le *Morgante* et l'*Orlando laurenziano*, affrontée par de nombreux spécialistes. Notamment, nous renvoyons à la synthèse de E. Puce, « "*Orlando laurenziano*" e "*Morgante*" : implicazioni filologico-letterarie », *Italianistica : Rivista di letteratura italiana* 34, 2005, pp. 61–69, où l'on part des recherches d'Orvieto et Martelli qui tracent un parcours intertextuel quasiment opposé à celui dressé par Rajna.

ainsi que des parties des *Reali di Francia* d'Andrea da Barberino, ou de l'*Aspramonte*[175].

Ce poème chevaleresque suit les traces d'une vaste littérature contemporaine anonyme et raconte comment le serviteur païen Morgante – après s'être soumis à Orlando qui avait fui la cour de plusieurs chevaliers à cause des calomnies de Gano – suit son seigneur dans de nombreuses aventures et péripéties entre l'Afrique et l'Asie, toujours accompagné de son cousin Rinaldo. Dans la succession d'événements qui composent le décor de la narration, et où les protagonistes, en plus de Rinaldo et Orlando, sont Dodone, Astolfo, Ricciardetto et Malagigi, conformément aux chansons de geste des vassaux rebelles, on rencontre Charlemagne vieux et gâteux qui, incité par Gano, finit par s'opposer à ses valeureux paladins Orlando et Rinaldo. Mais l'empereur devra reconnaître leur loyauté et leur fidélité lorsqu'ils viendront au secours de la France contre le danger sarrasin. Malgré leur héroïsme, ou peut-être justement à cause de celui-ci, Gano décidera de les trahir en les faisant massacrer par les païens dans une embuscade tendue au col de Roncevaux. Ce ne sera qu'à ce moment-là que Charlemagne, qui n'avait pas cru à la prophétie de Malagigi, se rendra compte de la défaite de son arrière-garde et de la triste destinée de son royaume. Gano sera démasqué comme traître et condamné à mort. Charlemagne, satisfait de cette victoire et de tant d'autres, meurt et monte au ciel.

Reprenant le fil du texte et des événements qui révèlent le profil de Malagigi, voyons d'abord la première apparition du personnage dans le chant III du *Morgante*[176]. Le passage parle de Rinaldo qui, avant de quitter Montalbano pour se rendre à ses exploits, s'adresse à ses frères et leur donne des indications afin qu'ils soient capables de se protéger des ennemis lors de son absence. La présence de son cousin Malagigi est à cette fin indispensable, car il pourra grâce à la magie interpeller le sort et pour ainsi connaître le futur qui les attend. Voici les mots de Rinaldo:

> Chiamò Guicciardo, Alardo e Ricciardetto:
> – Fate che Montalban sia ben guardato,
> tanto ch'io truovi il cugin mio perfetto:

---

175  M. Villoresi, «Le fonti del *Morgante*», in *La letteratura cavalleresca...*, p. 126.
176  *Luigi Pulci, Morgante*, éd. F. B. Ageno, Milano-Napoli, Ricciardi, 1955.

> ognun sia presto là rappresentato,
> ch'io ho de' traditor sempre sospetto,
> e Gan fu traditor prima che nato;
> non vi fidate se non di voi stesso,
> e Malagigi getti l'arte spesso. III, 31

À nos yeux, cet exorde est important pour comprendre la réception du personnage de la part de Pulci, qui semble reprendre l'héritage de la figure de Maugis dans son rôle de magicien et d'aidant de ses cousins, les quatre frères, qui sont en perpétuelle lutte contre Charlemagne.

Cependant, la véritable description de Malagigi, entièrement originale de la part de Pulci, se dévoile dans le chant V, où le personnage est représenté comme un vieillard particulièrement bizarre, ne ressemblant ni à homme ni à un animal, occupé à tourner en dérision les quatre frères, ses protégés.

> Un giorno in un crocicchio d'un burrone
> hanno trovato un vecchio molto strano,
> tutto smarrito, pien d'afflizïone:
> non parea bestia e non pareva umano.
> Rinaldo gli venìa compassione:
> « Chi fia costui? » fra sé diceva piano;
> vedea la barba arruffata e canuta:
> raccapricciossi, e dappresso il saluta. V, 22

Ce dernier point, c'est-à-dire le tour joué aux cousins ainsi ridiculisés, a été interprété par certains experts comme un manque de révérence de la part de Pulci envers le monde chevaleresque ; néanmoins, il nous semble qu'il s'agisse plutôt d'un effet comique, un type de création qui était particulièrement apprécié par le grand public de la Renaissance. À vrai dire, pour ce qui concerne notre personnage, le tour de Malagigi n'a pas pour fonction de bouleverser l'alliance avec ses cousins, car Malagigi est en train de les tromper, mais sans malignité. En effet, à la fin, la situation retourne à la normalité sans qu'il y ait de particulières conséquences, et Malagigi s'insère à nouveau à l'intérieur de la narration dans son rôle d'aidant des fils d'Aymone. Dans ce cas, l'effet comique n'entame pas la fonction originaire du personnage.

Il est indéniable que l'évolution de Maugis à Malagigi est sujette à un changement, car il est représenté comme mi-homme et mi-animal. Cependant, même cette ultérieure réinterprétation ne semble pas influer de manière substantielle sur l'efficacité du rôle de Malagigi dans le déroulement de la narration.

Dans la suite de l'œuvre, au chant X, Malagigi fait encore une fois des tours à ses cousins : il vole l'épée de Rinaldo et s'empare à nouveau de Baiardo, puis substitue les armes et le cheval d'Orlando par ceux de Rinaldo, les poussant ainsi à se défier en duel.

Comme c'était prévisible de la part d'un auteur tel que Luigi Pulci, les chants successifs ne manquent pas d'apporter de nouveautés relatives aux relations que Malagigi entretient avec d'autres personnages. Le chant XX relate la manière dont le traître Gano réussit à attirer l'attention de Malagigi et à se faire libérer de la prison où il avait été jeté par Antea. Même cette distance par rapport à l'opposition fondamentale entre Maugis et les ennemis des quatre frères est banalisée, car elle devient une sorte de fluide et larvaire opposition entre eux, dans laquelle le public de la Renaissance italienne ne reconnaît plus les tons tragiques et solennels qui avaient caractérisé la narration des anciennes chansons de geste.

Parmi les espaces nombreux, bien que circonscrits, où Malagigi continue à agir, il peut être révélateur de signaler dans le chant XXI la rencontre entre Malagigi et la diablesse Creonta :

> Malgigi guarda i suoi brutti vestigi
> e lei pur lui, e par piena d'angosce,
> che l'un dïavol ben l'altro conosce. XXI, 66

Tandis que notre personnage scrute la diablesse, nous réussissons à apercevoir ce que Pulci voulait représenter par le personnage de Malagigi, ce qu'il pensait de son art de la nécromancie, nullement perçu comme négatif, comme l'était au contraire la magie démoniaque de la diablesse. Au fond, la magie de Malagigi dans le *Morgante* continue à ne pas évoquer les forces du mal, se bornant à endiguer les pouvoirs infernaux de la magie noire, en essence, de Creonta[177].

---

177 Un aperçu du problème de la magie noire est fourni par J. Frappier, *Histoire, Mythes et symboles. Études de littérature française*, Genève, Droz, 1976, p. 129. Dans cet essai, l'auteur approfondit le discours sur les croyances surnaturelles qui se concrétisent dans la peur de l'enfer et du diable. Un vaste panorama sur ce sujet apparaît dans J. B. Russell, *Il diavolo nel Medioevo*, Bari, Laterza, 1987, pp. 115–151.

Un autre moment qui marque une continuité certaine avec la narration épique originelle et qui se qualifie comme  fondamentale [178] est la mention de Tolède, la ville où, dans les anciennes chansons de geste, l'on étudiait traditionnellement la magie :

> Questa città di Tolletto solea
> tenere studio di nigromanzia:
> quivi di magica arte si leggea
> pubblicamente, e di piromanzia:
> e molti geomanti sempre avea,
> e sperimenti assai di idromanzia,
> e d'altre false oppinione di sciocchi,
> come è fatture o spesso batter gli occhi. XXIV, 259

Dans la suite de la narration, on reconnaît à Malagigi la véracité d'une importante prophétie qui avait prédit la défaite de Roncevaux, la mort des paladins et donc la fin du royaume. Même Charlemagne finira par regretter de ne pas l'avoir écouté : « O Malagigi, or t'avess'io creduto ! / Omè, tu eri pur del ver pronostico ! » XXVII, 166, vv. 6–8.

Dans la prophétie, la défaite de Roncevaux et la conséquente fin du royaume représentent donc une importante articulation qui montre le poids de ce personnage  dans le *Morgante*[179]. En conclusion, comme le soutient Annalisa Perrotta, Malagigi finit par devenir le symbole d'une catastrophe que le système politique n'est pas capable de prévoir. À travers la prophétie de Malagigi, Luigi Pulci se pose ainsi en porte-parole d'une critique adressée aux mécanismes du pouvoir dans la Florence de l'époque qui précédera sa chute : « Alla rotta di Roncisvalle della finzione, Pulci affianca la congiura della realtà : dalla marginalità nella quale finì la sua vita, Pulci provò a lanciare un ultimo messaggio d'avvertimento, che probabilmente

---

178  L'indication est de A. Perrotta, « Magia e profezia, magia profezia e narrazione del vero nel *Morgante* di Luigi Pulci », in *Le forme della poesia*. Atti dell'VIII Congresso dell'ADI, Siena, 22–25 settembre 2004, II, sous la dir. de R. Castellana et A. Baldini, Firenze, Betti, 2006, pp. 67–74 : 67.

179  « Quasi un gioco di società, le pratiche magiche nella Firenze cosmiana e di Piero erano ampiamente diffuse [...] Nel secondo poema (XXIV, 112 3–8 et 113) il Pulci dichiarerà metaforicamente di essersi posto per qualche tempo alla scuola di arte divinatoria » (S. S. Nigro, *Pulci e la cultura medicea*, Bari, Laterza, 1972, p. 61).

rimase inascoltato »[180]. En ce sens, Malagigi, bien qu'il ne conserve plus, comme le soutient Mazzoni, un caractère ouvertement subversif, maintient quand même le rôle du personnage qui dénonce la gestion myope et fautive du pouvoir et qui prévoit ainsi l'épilogue qui attend Florence[181].

Substantiellement, ce texte achève ainsi la parabole de la réception du topos du larron-enchanteur incarné par Maugis. En effet, les occurrences ultérieures du personnage dans d'autre poèmes démontrent qu'il ne suffit pas de se contenter de la continuité du nom pour avoir la confirmation de la continuité du personnage. Ce sont plutôt les fonctions que ce personnage revêt, au-delà de la « tipizzazione » à laquelle celui-ci est subordonné, qui sont centrales ; c'est donc jusqu'au *Morgante* de Pulci qu'il est possible de reconnaître à ce personnage sa fonction d'opposition au système, qui est le trait distinctif d'une sorte de continuité de son rôle original.

À partir du *Morgante*, la figure de Malagigi, bien qu'encore assez fréquente dans la littérature chevaleresque du XVᵉ siècle, est fortement limitée par rapport à son aura originelle et acquiert un nouvel équilibre sur le plan des capacités éminemment humaines, ou plus précisément érotico-amoureuses. Dans le *Mambriano*, par exemple, le personnage conserve le pouvoir magique d'évoquer les démons et d'opérer des prodiges, mais apparaît aussi la « crisi » de Malagigi en tant que magicien, car ce sont de nouvelles situations comportant des astuces et des expédients tout à fait humains qui caractérisent son personnage[182]. Une situation analogue se retrouve dans des textes tels que l'*Ancroia* et la *Sala di Malagigi,* où ce sont les habiletés de séduction de Malagigi qui émergent comme uniques éléments d'opposition et de transgression[183]. Il était impossible que les campagnes de guerre des Français à la fin du XVᵉ siècle n'eussent aucune influence sur le mythe de la littérature carolingienne et de ses héros…

À partir de l'*Orlando innamorato* de Matteo Maria Boiardo, une nette césure apparaît dans le personnage de Malagigi par rapport à la sphère

---

180 A. Perrotta, « Lo spazio della corte : la rappresentazione del potere politico nel *Morgante* di Luigi Pulci », *The Italianist* 24, 2004, pp. 144–168 : 166.

181 *Ibidem*, p. 141.

182 Pasotti, « Dai Cantari ai poemi cavallereschi… », p. 47.

183 M. Mazzoni, *Maugis e Malagigi : storia di un personaggio.* Thèse de doctorat présentée à la Faculté des lettres de l'Université de Lausanne, directeur de thèse M. C. Cabani, UNIL, Université de Lausanne, 2018, p. 124.

relative à la magie telle qu'elle avait été attestée jusqu'à ce moment-là ; de plus, elle sera dégradée sous un versant comique (chant I, I, v. 53)[184]. Dans ce texte, on perçoit désormais un net déclin du rôle et des fonctions que notre personnage avait eues dans les textes précédents. De même, on observe la disparition de ses caractéristiques distinctives, c'est-à-dire l'héroïsme et la générosité qui avaient fait de lui un des héros les plus significatifs de l'épique française. Avec l'*Orlando furioso* de Ludovico Ariosto[185], l'« iter discendente prosegue »[186], et la figure originelle de Maugis ne trouve plus, dès ce moment, une valide représentation, car elle se trouve carrément renversée par rapport à sa fonction originelle d'aidant-héros. Malagigi devient en effet lui-même un prisonnier qui devra être libéré par son cousin Ricciardetto. Pourtant, l'Arioste ne renonce pas à décrire Malagigi comme un magicien...

> Malagigi, che sa d'ogni malia
> quel che ne sappia alcun mago eccellente,
> ancor che 'l libro suo seco non sia,
> con che fermare il sole era possente,
> pur nella scongiurazione onde solia
> commandare ai demonii aveva a mente:
> tosto in corpo al ronzino un ne constringe
> di Doralice, et in furor lo spinge. XXVI, 128

Comme l'affirme Mazzoni, on a désormais atteint un processus de dissociation et de dissémination de fonctions narratives déjà appartenues à Maugis/Malagigi et qui investent maintenant d'autres personnages, comme le magicien Atlante ou Brunello, larron, mais pas enchanteur[187]. Avec le Malagigi de l'*Orlando furioso*, le topos du larron-enchanteur s'est désormais épuisé[188].

---

184 *Matteo Maria Boiardo, Orlando innamorato*, éd. R. Bruscagli, Torino, Einaudi, 1995.

185 *Ludovico Ariosto, Orlando furioso*, éd. L. Caretti, Milano-Napoli, Ricciardi, 1954.

186 Pasotti, «Dai Cantari ai poemi cavallereschi... », p. 48.

187 Mazzoni, «Maugis e Malagigi : storia di un personaggio... », p. 126.

188 A. Canova parle en effet d'une «inevitabile usura del *topos*». Cf. A. Canova, «*Vendetta di Falconetto* (e *Inamoramento de Orlando*)», in *Boiardo, Ariosto e i libri di battaglia*. Atti del Convegno di Scandiano-Reggio Emilia-Bologna, 3–6 octobre 2005, sous la dir. de A. Canova et P. Vecchi Galli, Novara, Interlinea, 2007, pp. 77–106 : 95.

# IV  SURVIVANCES

## Des chansons de geste au film d'action et au jeu vidéo

Au terme de cette analyse des origines et des survivances du topos du larron-enchanteur dans le personnage de Maugis-Malagigi, nous pouvons voir dans les textes analysés que la tradition épique se caractérise comme un phénomène non seulement littéraire, mais aussi propre à l'imaginaire collectif : elle contient des schémas récurrents, des constantes et des variations, dans la durable continuité ou discontinuité des valeurs reconnues comme positives par une certaine communauté de référence[189].

En ce sens, le personnage du larron-enchanteur reçoit donc les stratigraphies culturelles des textes et les variations de l'imaginaire collectif qui se sont succédé au fil des siècles. Nous avons vu que, dans les chansons de geste des vassaux rebelles, la figure de Maugis revêt une importance capitale, car elle finit par représenter l'opposition à un système politique qui ne garantit pas à la collectivité justice et bien-être ; tandis que, dans les textes italiens, la figure de Maugis change et démontre qu'elle n'a plus un réel poids subversif, par conséquent elle ne conserve plus sa centralité dans l'intrigue des textes où ce personnage est protagoniste.

Sur ces variations thématiques pèsent bien sûr même les coordonnées spatiales et temporelles qui différencient les textes français des textes italiens. Par exemple, dans les premiers textes français nous observons de quelle façon la magie, qui au Moyen Âge n'est pas encore clairement différenciée des sciences naturelles, inspire tout un pan de narrations où le personnage est représenté comme un magicien-savant-médecin-illusionniste ; par contre dans les textes italiens de la Renaissance, le personnage exerce une magie qui, à cette époque, n'étant plus une discipline auxiliaire des

---

189  « La "matière épique" pourrait en effet être assimilée à une substance extraordinairement malléable, se prêtant aisément à une dynamique de réemploi identifiable à de nombreux niveaux de la culture littéraire, tant française que romane, tout au long du Moyen Âge ». Voir la préface de Constantidinis et Mascitelli, in *La Matière épique dans l'Europe romane au Moyen Âge. Persistances et trajectoires*, sous la dir. de A. Constantidinis et C. Mascitelli, Paris, Garnier, 2021, pp. 7–13 : 10.

sciences naturelles, finit par acquérir un côté noir, proche de la magie diabolique et donc condamnable.

Toujours à propos de l'imaginaire collectif, mais cette fois en relation à l'élément du vol qui compose le binôme dans le topos du larron-enchanteur, nous pouvons observer que dans les textes plus anciens cet élément sert à parodier le pouvoir impérial, tandis que dans les textes italiens il perd cette connotation parodique ainsi que son poids dans l'économie de la narration, finissant par disparaître même dans la caractérisation du personnage.

Au cours du long voyage du larron-enchanteur qui s'étend du Moyen Âge français à la Renaissance italienne, il paraît évident que même les facteurs extratextuels finissent par déterminer une diversité de représentation du personnage Maugis/Malagigi.

Bien sûr, la question concernant l'influence que le système culturel exerce sur les textes vaut pour tous les genres littéraires, mais cela est encore plus évident pour le domaine épique, dont la structure est en étroit rapport avec la communauté et les valeurs qu'elle véhicule. En effet, de ce point de vue, l'épopée est, peut-être, le genre qui de l'Antiquité jusqu'à nos jours se fonde plus que d'autres, autant sur la dimension littéraire que sur la société et ses institutions[190]. En effet, nous rapprochant de la contemporanéité et d'une possible analyse

> « *in vivo* du phénomène épique [...] il va sans dire que, comme pour tout autre genre de la littérature orale, le texte émis ne peut être dissocié de ses conditions d'énonciation, du statut de son énonciateur comme de son destinataire et [...] en un mot, de l'ensemble du contexte socioculturel qui en détermine la composition et la production ; mais dans le cas de l'épopée, cela s'avère encore bien plus impératif, plus contraignant, plus prégnant et plus significatif »[191].

---

190  Sur le fait que la chanson de geste retombe dans l'épopée, voir le classique R. Boyer *et al.*, *L'épopée*, Turnhout, Brepols, 1988 et plus récemment les intéressantes réflexions de Patrick Moran sur telle équivalence et sur les interférences entre les genres. Cf, P. Moran, « Genres médiévaux et genres médiévistes : l'exemple des termes *chanson de geste* et *épopée* », *Romania* 136, 2018, pp. 38–60.

191  C. Seydou, « L'épopée, genre littéraire ou institution sociale ? L'exemple africain », *Litterales. L'épopée : mythe, histoire, société* 19, 1996, pp. 51–66 : 51 et 52.

La complexité intrinsèque qui caractérise le texte épique est aussi la raison de sa vitalité, car il survit, opère des mutations et se refonctionnalise en laissant parfois de lui-même et de sa narration peu de survivances. Parlant du retour de l'épique, Marta Boni souligne que : « l'épopée est un genre foncièrement transmédiatique, réalisé par le biais d'une série d'adaptations d'un médium à un autre ainsi que de phénomènes d'incorporation et de gestion d'une pluralité d'instances »[192]. Effectivement, nous savons que l'adjectif « épique » intéresse non seulement les textes littéraires, mais aussi le cinéma et, de manière générale, les mass-medias du Troisième millénaire[193]. Pour qu'un film soit catalogué comme épique, il faut donc qu'il narre de longs contenus, avec des successions d'événements liés à un imaginaire collectif ou ayant en toile de fond l'histoire d'un peuple et du héros qui le représente. La catégorie « épique », notamment dans la cinématographie, indique des contenus qui se construisent dans l'interaction entre le public et la collectivité, des contenus centrés autour de la figure d'un personnage-héros qui donne de la valeur au bien plutôt qu'au mal, et qui se pose en porte-parole du destin identitaire de la collectivité[194]. En ce sens, il n'est pas difficile de constater certains traits communs relatifs au public, à la construction narrative et aux nœuds thématiques[195]. Par exemple, on

---

192  M. Boni, « Cinéma italien contemporain et discours épique(s) », in *Das wie-dergefundene Epos. Inhalte, Formen und Funktionen epischen Erzählens vom Beginn des 20. Jahrhunderts bis heute. L'épopée retrouvée. Motifs, formes et fonctions de la narration épique du début du XXᵉ siècle à l'époque contemporaine*, sous la dir. de C. Krauss et U. Urban, Berlin, LIT, 2013, pp. 155–174 : 170.

193  Depuis longtemps, la critique réfléchit sur le problème de fond suivant : « le film est-il un parent ou un concurrent, un héritier ou un usurpateur du texte ? » Cf. S. K. Malatrait, « L'épopée à l'encre de lumière. Héros, collectif et violence dans l'épopée cinématographique », in *Das wiedergefundene Epos...*, pp. 197–208 : 197. Marta Boni précise aussi que l'adjectif « épique » recouvre à la fois une dimension anthropologique, esthétique et rhétorique (*ibidem*, p. 171).

194  http://www.cinemedioevo.net/classici/attolini.htm Film Medioevo storico. www.fondazionecsc.it/bianco-e-nero-2/ al cinema di Iacono e Facchini (30-5-2021).

195  Par exemple, Antonio Pasqualino a analysé les chansons de geste et certains contes populaires des *cantastorie* du théâtre Opera dei Pupi, en mettant en relief les « strutture fondamentali », ressemblances ou divergences qui se

notera aisément des ressemblances entre le public du film d'action et celui des chansons de geste : il se laisse captiver par les narrations ayant un fort impact émotif et il peut se refléter prospectivement dans les différents protagonistes, car il réussit à y retrouver ses besoins et ses modèles[196]. En outre, le public a tendance à s'identifier à la communauté avec laquelle il partage des valeurs universelles.

Autant la structure narrative des films que celle des textes épiques reposent sur une forte nécessité identitaire. Voilà pourquoi se réalisent des formes de « communautés universelles »[197] qui exemplifient les valeurs communes sur lesquelles elles se fondent. Le modèle du film épique rappelle un univers discipliné par des lois morales et partagées qui ne peuvent être bouleversées, car elles visent au maintien d'un ordre social cohérent et réglementé ; et comme nous l'avons mentionné, il existe de multiples « indices prouvant la volonté du film de s'inscrire dans la tradition épique »[198]. En ce sens, comme le soutient Nicola Morato, « le dialogue, voire l'interpénétration entre histoire universelle et matière épique, enfermées l'une dans l'autre comme dans une salle des miroirs, continue d'occuper le cœur de l'invention narrative même au-delà de la charnière entre Moyen Âge et Modernité »[199].

Si maintenant nous nous penchons sur la construction narrative, il est possible de voir qu'elle se fonde, autant dans la chanson de geste que dans le film épique, sur une structure basilaire assez simplifiée qui montre le héros s'opposant aux forces du mal, afin d'atteindre un objectif qui devient

---

développent au fil du temps. Cf. A. Pasqualino, *Le vie del cavaliere. Dall'epica medievale alla cultura popolare*, Milano, Bompiani, 1992, pp. 219–253.

196 Même si, dans le cinéma italien, les films s'inspirant de protagonistes du monde carolingien ne sont pas nombreux, comme l'observe Micalizzi. Cf. P. Micalizzi, « Orlando nel reame di celluloide. I Paladini di Francia nel cinema italiano », in *Sulle orme di Orlando. Leggende e luoghi carolingi in Italia*, sous la dir. de A. I. Galletti et R. Roda, Padova, Interbooks, 1987, pp. 359–370.

197 E. Langlais, « L'épopée universaliste. Une réévaluation de l'épique », in *Das wiedergefundene Epos…*, pp. 67–78 : 70.

198 Malatrait, « L'épopée à l'encre de lumière … », p. 206.

199 Nous renvoyons aux conclusions suggestives de Nicola Morato dans *La Matière épique dans l'Europe romane au Moyen Âge…*, pp. 211–226 : 225.

cathartique et résolutif, pour lui tout comme pour la communauté qu'il représente. En ce sens, même la typologie du personnage est toujours clairement identifiable[200]. La guerre juste, la justice, la vengeance pour les torts subis figurent parmi les motifs les plus diffus dans de nombreux nœuds thématiques, tant dans les textes épiques que dans les films d'action.

Pour conclure notre long itinéraire du personnage du larron-enchanteur, il est donc possible de se demander s'il existe de possibles survivances de la thématique du topos analysé. À ce propos, nous souhaitons nous arrêter sur deux produits typiques de la contemporanéité, un film et un jeu vidéo.

Le film *Now you see me / Insaisissables* (2013), réalisé par Louis Leterrier et distribué par Universal Pictures, semble suggérer la persistance dans la contemporanéité de personnages qui rappellent en partie notre mythique larron-enchanteur[201]. Commençons par l'intrigue[202]. Quatre « magiciens », un illusionniste, un mentaliste, un pickpocket et une professionnelle de l'évasion, qui exerçaient chacun pour son compte, sont amenés par un mystérieux anonyme à se lancer dans une entreprise commune qui a comme but ultime d'employer la magie pour faire justice et dédommager les victimes d'abus et d'injustices. L'occasion d'entrer en action se présente lors d'un show à Las Vegas sponsorisé par une riche compagnie d'assurance qui avait abusé de nombreux spectateurs présents. Graduellement, le dessein des quatre magiciens, qui se font appeler les « Quatre Chevaliers », se dévoile : ils veulent venger le public de la fraude qu'il a subie.

Dans leur show, les Quatre Chevaliers choisissent au hasard un homme dans le public, le font monter sur scène et puis le télétransportent dans les caves d'une banque parisienne. Par sa seule présence, l'homme canalisera

---

200  Pour des approfondissements sur la nature du héros épique aujourd'hui dans un texte littéraire et dans un film autant dans sa relation intradiégétique qu'extradiégétique, cf. Malatrait, « L'épopée à l'encre de lumière… », pp. 198–202.

201  « Si le héros de l'épopée cinématographique est toujours actualisé, c'est que sa fonction traditionnelle de médiateur entre les mondes se double d'une fonction narrative, celle de rapprocher le public moderne du monde antique » (*ibidem*, p. 206).

202  Sur les différents parcours du texte littéraire par rapport aux adaptations (soustractions ou additions), voir S. Cortellazzo et D. Tomasi, *Letteratura e cinema*, Bari, Laterza, 1998, pp. 21–32.

les billets de banque dans un conduit d'aération vers une salle où ils se
répandront par milliers sur les spectateurs.

Arrêtés par le FBI, les Quatre Chevaliers sont toutefois immédiatement
libérés, puisque les agents ne peuvent pas les condamner pour une « magie-
spectacle », car celle-ci ne peut pas être considérée par la loi comme la
preuve du vol commis. Tout le film oscille entre réalité et fiction. Même
Interpol se penche sur la question et envoie une agente française enquêter
sur l'affaire, mais la démarche de l'investigatrice vacille lorsqu'elle commence à intuitionner les finalités philanthropiques poursuivies par les protagonistes. Elle remarque que les actions des Quatre Chevaliers semblent
évoquer de lointains archétypes égyptiens : dans l'Égypte antique, en effet,
il existait un ordre secret, l'Œil, dont les membres usaient de tours de
passe-passe pour voler de la nourriture aux pharaons et la donner aux
esclaves. Leur but était d'utiliser la magie et l'illusion pour rétablir une
certaine équité. Ainsi, il devient clair que ces vols, autant dans l'Égypte
antique que dans le monde contemporain, étaient mus par une volonté de
justice sociale. À la fin du film, le spectateur comprend qu'à l'origine de
cette opération menée par les Quatre Chevaliers contre le capitalisme et
ses dérives économiques se trouve une ancienne et toujours vive douleur
personnelle de celui qui a conçu l'entreprise. Le mystérieux personnage
qui amène les quatre magiciens à se lancer dans cette commune entreprise
est en fait le policier du FBI qui les pourchassait. En effet, son père, un
magicien illusionniste, était mort dans un accident survenu pendant un de
ses spectacles : il était resté piégé dans le coffre-fort à l'intérieur duquel il
s'était fait enfermer et lancer dans un fleuve ; celui-ci avait été construit
avec des matériaux de très mauvaise qualité qui n'avaient pas résisté à la
pression de l'eau. Par cette opération, le fils se vengeait ainsi des fabricants
et des assureurs, c'est-à-dire de tous ceux qui avaient concouru à la mort
de son père, sans pour autant en payer les conséquences, et qui à présent
finissent enfin entre les mains de la justice.

En observant la structure du film *Now you see me*, de nombreuses
analogies apparaissent avec les personnages et les processus de l'épique,
ainsi qu'avec la figure du larron-enchanteur. En premier lieu, le thème de la
vengeance familiale du policier du FBI se rattache au lien de sang entre père
et fils qui caractérise le système féodal et qui est le moteur de nombreuses
aventures épiques. La famille représente la cellule sociale primordiale qui

construit une culture commune et trace les contours de figures identitaires dans lesquelles se reconnaître. Même si les quatre magiciens n'ont aucun lien de parenté, ils constituent quand même un groupe comparable à la famille épique. Dans les deux situations, le groupe se rebelle face à un système qui n'est plus apte à satisfaire les légitimes attentes de ceux qui en font partie[203]. À l'intérieur du lien fraternel d'échanges et de secours réciproques que ces magiciens-voleurs nouent, on retrouve toutes les caractéristiques de l'ancien larron-enchanteur Maugis : les « magiciens du crime » ne tuent pas et ne conservent pas le butin, mais l'emploient seulement pour dédommager les victimes de fraude. Mais le trait plus significatif qui nous renvoie au rôle antisystème de la figure de Maugis est la persistance d'une magie qui n'est que pure illusion, tout en ayant cependant des retombées dans la réalité. Il s'agit d'une magie dépourvue d'interventions surnaturelles et diaboliques qui s'exprime dans une constante opposition au système.

En deuxième lieu, les quatre magiciens luttent contre les valeurs du capitalisme et de ses dérives économiques identifiables dans les banques et les assurances qui ne dédommagent pas les personnes et leur causent ainsi de graves préjudices. De la même façon, dans les textes des vassaux rebelles, la figure à laquelle ceux-ci s'opposent est celle d'un empereur traître qui foule aux pieds les valeurs qu'un bon gouverneur devrait au contraire incarner.

Enfin, même les traits stylistiques sont semblables : l'emploi constant de l'hyperbole, l'exagération des tours et le ton grandiloquent, le crescendo des actions, le coup de théâtre final sont des traits qui se trouvent autant dans les textes épiques que dans les techniques spectaculaires du cinéma hollywoodien[204].

Au-delà du dénominateur commun de l'adjectif « épique », qui s'applique au film cinématographique et au texte littéraire, il existe une constante production cinématographique, et plus généralement artistique, centrée précisément sur le Moyen Âge, ou pour mieux dire sur un « médiévalisme » entendu comme « la rappresentazione, la ricezione e l'uso postmedievale del

---

203  Les quatre magiciens, identifiés comme les Quatre Chevaliers, rappellent les Quatre fils Aymon.

204  Nous remercions notre amie et collègue Margherita Amatulli (Université d'Urbino Carlo Bo) pour ses précieuses pistes de réflexion sur le thème de l'intermédialité.

medioevo in ogni suo aspetto »[205]. À partir du XXIᵉ siècle, on assiste ainsi à l'explosion d'une « Moyen Âge fantasy » qui se retrouve aussi dans des jeux de rôle et des jeux vidéo[206]. Nous nous trouvons ainsi, en ce début de Troisième Millénaire, devant des médias qui « cannibalizzano e centrifugano le arti preesistenti, un po' come fecero il cinema e la televisione nel Novecento »[207]. Ce système médiatique composite nous éloigne en fait de la linéarité typique de la narration épique, qui finit ici par se désagréger dans de nombreuses citations intertextuelles.

Les jeux vidéo, dont les fictions s'inspirent (parfois vaguement) du monde médiéval, ont acquis un grand succès auprès du public contemporain. Leur fortune est peut-être en partie dûe au fait que le monde médiéval finit par y représenter une forme d'« exotic "otherness" »[208], un « ailleurs », où tout est possible. Cet aspect est fondamental si nous considérons qu'une des fonctions du genre fantasy est de favoriser le divertissement comme une sorte de fuite de la routine qui caractérise la vie de l'homme contemporain[209].

---

205 T. di Carpegna Falconeri, « Medievalismi : il posto dell'Italia », in *Medievalismi italiani (secoli XIX-XXI)*, sous la dir. de T. di Carpegna Falconeri et R. Facchini, Roma, Gangemi, 2019, pp. 9–28.

206 L'observation est de N. Maggio, « Conan la spada e lo stregone Middle Ages e fantasy : la rielaborazione del medioevo attraverso le saghe filmiche sword and sorcery », *Bianco e nero. Rivista di cinematografia*, 82/600 medioevo, 2021, pp. 94–101 : 95.

207 M. Di Fazio, « Videogiochi da leggere. La letteratura ispira i game », *Il Fatto quotidiano*, 12-3-2021, p. 18.

208 K. Selling, « "Fantastic Neomedievalism" : The Image of the Middle Ages in popular fantasy », in *Flashes of the Fantastic : Selected Papers from The War of the Worlds Centennial*, Nineteenth International Conference on the Fantastic in the Arts, sous la dir. de D. Ketterer, Westport, Praeger, 2004, pp. 211–218 : 212. Selon Selling, le lecteur peut ainsi se permettre de faire coïncider le plan ludique avec celui d'une critique du capitalisme et de la globalisation ; selon l'auteur, « "fantasy" is more than just a purely literary "genre" and can be viewed as a kind of subcultural community which includes texts, (not just literature, but art, film, graphic novels), recreational and fan groups, audience/participants and authors/producers ».

209 Par ailleurs, Selling suppose que l'intérêt postmoderne pour l'altérité pourrait dériver d'une plus générale recherche d'identité et de sens qui dépend de la nécessité pour l'homme moderne de redécouvrir ses racines à l'intérieur du capitalisme.

C'est à l'intérieur de ce domaine que se contextualise, par exemple, *Dungeons & Dragons*. Il s'agit d'un jeu de rôle qui est né dans le secteur du *wargame* de la seconde moitié des années 1970, où les joueurs assis autour d'une table construisent des profils de personnages qui par la suite entreront en relation[210]. Parmi les nombreuses classes de personnages se trouve aussi celle du « larron-enchanteur »[211]. Si nous observons de près cette figure, nous voyons qu'elle réunit les qualités du magicien, comme l'efficacité des enchantements appris dans un manuel, et les caractéristiques typiques du voleur, telles que l'intelligence et l'adresse[212].

Si nous entrons dans le détail du personnage « magicien » (qui sera par la suite couplé à celui du voleur pour construire la *build* particularisé du larron-enchanteur[213]), nous verrons que dans la première édition du jeu il est défini de manière générique comme un *magic user*, tandis que dans les éditions suivantes, la figure acquiert des aspects plus précis : nous le voyons « évoluer » en *medium*, en *seer*, en *conjurer, theurgist, thamaturgist, magician, enchanter, warlock, sorcerer, necromancer,* enfin en *wizard*. De cette évolution nous pouvons déduire que dans l'imaginaire collectif

---

210  Par *role-playing game*, on entend un jeu où les joueurs gèrent un personnage qu'eux-mêmes ont créé à l'intérieur d'un monde imaginaire où toute l'histoire se développe. Le jeu dispose d'un manuel qui de 1974 à 2018 a été réédité cinq fois. Cf. G. Gygax et J. Perren, *Chainmail rules for medieval miniatures*, Guidon Games (https://www.drivethrurpg.com/product/17010/Chainmail-Rules-for-Medieval-Miniatures-0e, 5-6-2021).

211  Pour des approfondissements sur les dynamiques du jeu et sur la construction des personnages, voir A. Garcia, « Privilege, Power, and Dungeons & Dragons : How Systems Shape Racial and Gender Identities », *Tabletop Role-Playing Games, Mind, Culture, and Activity* 24, 2017, pp. 232–246.

212  Voir certains exemples de la figure du larron-enchanteur : https://www.dragonslair.it/forums/topic/25231-ladromago, https://dungeonsdragons.forumfree.it/?t=48060570 (5-5-2021). Je remercie Federica Mattioli qui m'a patiemment introduite dans le monde de *Dungeons & Dragons*, en me fournissant les détails utiles à la compréhension de ce jeu de rôle.

213  Le mot *build* indique ici la création du personnage qui doit partir du choix de la classe, en anglais *class*. D'après les règles de *Dungeons & Dragons*, le magicien et le voleur peuvent être définis comme appartenant à des classes distinctes. Le joueur choisit la classe (*class*) à laquelle correspondent différents pouvoirs, habiletés ou talents, qui améliorent les capacités de base du personnage.

la catégorie générique du *magic user* finit par devenir bien plus riche et spécifique, laissant la place à un large éventail de qualités et d'aspects qui initialement n'étaient pas considérés comme faisant partie du domaine de la magie. Ce qui par contre reste constant dans le temps est la représentation du magicien comme personnage obsédé par la connaissance et les pouvoirs mystérieux, un personnage qui dédie sa vie à l'étude de la magie et qui n'a pas de pouvoirs innés, comme c'est le cas pour le sorcier. Grâce aux magies, il a potentiellement le pouvoir de résoudre n'importe quel problème, de mentaliser, de révéler le futur et de transformer les choses.

Parmi les autres caractéristiques, il nous semble intéressant de mentionner le livre, l'objet fondamental du personnage, un livre à l'intérieur duquel sont recueillis tous ses enchantements.

Quant à la classe à laquelle appartient le personnage du voleur, le *thief*, nous voyons qu'il s'agit d'une figure polyédrique et versatile, capable d'interagir dans le jeu selon des dynamiques précises, mais qui de manière générale n'ont pas de connotations avec la dimension philanthropique et la sauvegarde de la justice, comme l'ancien larron. Ses caractéristiques sont fondées sur la possibilité de se cacher, de voler et cambrioler facilement, soit un exercice concret de l'astuce. Ce qui nous intéresse aux fins de l'évaluation de possibles survivances du larron-enchanteur dans *Dungeons & Dragons*, c'est que nous nous trouvons face à un personnage qui a un charisme personnel, qui est employé fréquemment, et qui remporte un succès continu et réitéré dans les aventures dont il est le protagoniste.

Ce long voyage du larron-enchanteur dans l'Occident européen, un continent sans confins rigides, une terre où les hybridations de contenus et de formes ont toujours été ouvertes même à l'Orient, a été possible précisément parce que Maugis/Malagigi en représente une synthèse idéale. En effet, il incarne ce type même de « personnage transfuge » qui « migre » entre les textes d'époques et d'inspirations différentes et qui, par la richesse de ses potentialités, maintient une continuité de représentation, en se recontextualisant à l'intérieur d'œuvres littéraires distantes dans l'espace et le temps[214]. Tout cela se révèle possible parce que cette « fiction-transfuge »

---

214  La définition du « personnage transfuge » est de Richard Saint-Gelais. Le personnage coïncide avec le passé et le présent des éléments d'une fiction littéraire et, grâce à l'incomplétude qui est à la base de cette création, réussit

s'enracine précisément dans un genre flexible, le genre épique, dont l'indéniable vitalité de la matière se laisse décomposer et recomposer pour garantir un contact continu avec le public et l'imaginaire qu'il représente[215].

Il resterait encore à approfondir si cette « transfictionnalité », que nous venons d'esquisser pour le personnage de Maugis mais qui caractérise bien d'autres éléments structurels de la littérature épique française, pourrait également investir la dimension intermédiale des *Multiple Modernities* : une perspective audace, nous en sommes bien conscients, mais qui pourrait, moyennant des fouilles systématiques, restituer une fois de plus l'image d'une modernité culturelle constamment tendue vers le futur, et en même temps fortement ancrée à ses précieuses racines médiévales[216].

---

à donner lieu à une conséquente « transfictionnalité ». Cf. R. Saint-Gelais, *Fictions transfuges. La transfictionnalité et ses enjeux*, Paris, Seuil, 2011, pp. 9–17 : 10.

215  En particulier, la «plasticité des 'Quatre fils Aymon' » qui assure le succès de l'oeuvre dans ses nombreuses réécritures, est liée surtout à la mise en valeur de l'homme, de «l'humain». S. Baudelle-Michels, *Les Avatars d'une chanson de geste. De "Renaut de Montauban" aux "Quatre fils Aymon"*, Paris, Champion, 2006, pp. 463-481.

216  Par cette définition des « Modernités », déclinée au pluriel, Shmuel Eisenstadt veut indiquer la persistance de modèles culturels et de dimensions sociales qui semblent cohabiter tout en étant en contradiction. À ce sujet, voir C. Corradi et D. Pacelli, « La modernità e i suoi paradossi », dans *Dalla modernità alle modernità multiple. Percorsi di studio su società e culture*, sous la dir. de C. Corradi et D. Pacelli, Soveria Mannelli, Rubbettino, 2011, pp. 5–11 : 5. Par contre, sur la capacité de la matière épique, en dialogue avec l'histoire universelle, de s'étendre « même au-delà de la charnière entre Moyen Âge et Modernité » et de voir dans la distance « la condition même de la relance de la chanson de geste sur la scène littéraire européenne et mondiale de la Modernité », voir encore Morato, « Conclusions. Matière épique et culture textuelle », dans *La Matière épique*, pp. 211–226 : 225 et 226.

# BIBLIOGRAPHIE

Alvar, C., *Traducciones y traductores. Materiales para una historia de la traducción en Castilla durante la Edad Media*, Alcalá de Henares, Centro de Estudios Cervantinos, 2010.

Bachtin, M., *L'opera di Rabelais e la cultura popolare*, Torino, Einaudi, 1979.

Barachini, G., «Ogier e Renaut: riesame delle interferenze», *Critica del testo* 20, 2017, pp.137–181.

Baudelle-Michels, S., « La fortune de *Renaut de Montauban* », *Cahiers de recherches médiévales et humanistes* 12, 2005, pp. 103–114.

Baudelle-Michels, S., *Les Avatars d'une chanson de geste. De "Renaut de Montauban" aux "Quatre fils Aymon"*, Paris, Champion, 2006.

Baudelle-Michels, S., «Les morts de Maugis d'Aigremont», in S. Douchet, M.-P., Halary, S., Lefèvre, P. Moran et J.-R., Valette, *De la pensée de l'Histoire au jeu littéraire. Études médiévales en l'honneur de Dominique Boutet*, Paris, Champion, 2019, pp. 305-314.

Bensi, M. et Cammarota, M. G., « L'arcivescovo Turpino nella *Chanson de Roland* e nel *Rolandislied* », *Linguistica e filologia* 35, 2015, pp. 29–67.

Bettin, G., *Per un repertorio dei temi e delle convenzioni del poema epico e cavalleresco : 1520–1580*, Venezia, Istituto Veneto di Scienze, Lettere ed Arti, 2006.

Bocchi, G. et Ceruti, M., « Introduzione. Genesi delle identità europee », in *Le radici prime dell'Europa. Gli intrecci genetici, linguistici, storici*, sous la dir. de G. Bocchi et M. Ceruti, Milano, Bruno Mondadori, 2001, pp. 9–40.

Boni, M., « Cinéma italien contemporain et discours épique(s) », in C. Krauss et U. Urban (dir.), *Das wiedergefundene Epos. Inhalte, Formen und Funktionen epischen Erzählens vom Beginn des 20. Jahrhunderts bis heute. L'épopée retrouvée. Motifs, formes et fonctions de la narration épique du début du XXe siècle à l'époque contemporaine*, Berlin, LIT, 2013, pp. 155–174.

Boutet, D., *Charlemagne et Arthur ou le roi imaginaire*, Paris, Champion, 1992.

Boutet, D., *Formes littéraires et conscience historique. Aux origines de la littérature française (1100–1250)*, Paris, PUF, 1999.

Boyer, R. *et al.*, *L'épopée*, Turnhout, Brepols, coll. «Typologie des sources du Moyen Âge occidental», 1988.

Brasa Díez, M., «Métodos y cuestiones filosóficas en la escuela de traductores de Toledo», *Revista Española de Filosofía Medieval* 3, 1996, pp. 35–49.

Bronzini, G. B., «Medioevo magico e religioso», *Lares* 67, 2001, pp. 473–493.

Cabani, C., *Le forme del cantare epico-cavalleresco*, Lucca, Pacini-Fazzi, 1988.

Callu-Turiaf, F., «Notes sur une version disparue de la chanson de *Renaut de Montauban* en franco-italien», *Le Moyen Âge* 68, 1962, pp. 125–130.

Canova, A., «*Vendetta di Falconetto* (e *Inamoramento de Orlando*)», in *Boiardo, Ariosto e i libri di battaglia*. Atti del Convegno di Scandiano-Reggio Emilia-Bologna, 3–6 octobre 2005, sous la dir. de A. Canova et P. Vecchi Galli, Novara, Interlinea, 2007, pp. 77–106.

Cardini, F., *Magia, stregoneria, superstizioni nell'Occidente medievale*, Firenze, La Nuova Italia, 1979.

Castets, F., *Recherches sur les rapports de chansons de geste et de l'épopée chevaleresque italienne*, Paris, Maisonneuve-Leclerc, 1887.

Castro, A., *La Spagna nella sua realtà storica. Cristiani, musulmani ed ebrei all'epoca della Riconquista*, Milano, Garzanti, 1995.

Chiaradonna, R., «Plotino (Plotinus, 205–270)», *Bruniana & Campanelliana* 14, 2008, pp. 521–528.

Constantidinis, A. et Mascitelli, C., «Préface», in *La Matière épique dans l'Europe romane au Moyen Âge. Persistances et trajectoires*, sous la dir. de A. Constantidinis et C. Mascitelli, Paris, Garnier, 2021, pp. 7–13.

Corradi, C. et Pacelli, D., «La modernità e i suoi paradossi», in *Dalla modernità alle modernità multiple. Percorsi di studio su società e culture*, sous la dir. de C. Corradi et D. Pacelli, Soveria Mannelli, Rubbettino, 2011, pp. 5–11.

Cortellazzo, S. et Tomasi, D., *Letteratura e cinema*, Bari, Laterza, 1998.

Cosmacini, G., *L'arte lunga. Storia della medicina dall'antichità a oggi*, Bari, Laterza, 2011.

Cox, G. W., *The Mythology of the Arian Nations*, London, Longmans Green, I, 1870.

D'Ancona, C., « The Textual tradition of the Graeco Arabic Plotinus. *The Theology of Aristotle*, its ru'us al-masa'il, and the Greek model of the Arabic Version », in *The Letter before the Spirit: The Importance of Text Editions for the Study of the Reception of Aristotle*, sous la dir. de A. M. I. van Oppenraay et R. Fontaine, Leiden-Boston, Brill, 2012, pp. 37–71.

D'Ancona, C., « The *Theology* attributed to Aristotle. Sources, Structure, Influence », in *The Oxford Handbook of Islamic Philosophy*, sous la dir. de Khaled el-Rouayheb et S. Schmidtke, Oxford, University Press, 2016, pp. 8–29.

De Combarieu du Grès, M., « Les deux morts de Renaut de Montauban (d'après les manuscrits Douce et La Vallière) », in *Ce nous dist li escris... Che est la verite*. Études de littérature médiévale offertes à André Moisan par ses collègues et ses amis réunies par M. Lacassagne, Aix-en-Provence, Université de Provence, CUERMA, coll. « Sénéfiance », 2000, pp. 67–81.

De Grillot, G., *Le Musée des Sorciers, Mages et Alchimistes*, Paris, Tchou, 1966.

Del Carmen Sánchez Montero, M., « Lineamenti di storia della traduzione in Spagna », *Studi e Ricerche Triestini* 11, 1998, pp. 1–93.

Di Carpegna Falconeri, T., « Medievalismi: il posto dell'Italia » in *Medievalismi italiani (secoli XIX-XXI)*, sous la dir. de T. di Carpegna Falconeri et R. Facchini, Roma, Gangemi, 2019, pp. 9–28.

Dieterici, F., *Die Sogenannte Theologie des Aristoteles aus Arabischen Hand-schriften zum Ersten Mal herausgegeben*, Amsterdam, Rodopi, 1882.

Di Fazio, M., « Videogiochi da leggere. La letteratura ispira i *game* », *Il Fatto quotidiano* 12–3–2021, p. 18.

Durkheim, É., Hubert, H. et Mauss, M., *Le origini dei poteri magici*, Torino, Boringhieri, 1977.

Everson, J. E., « The Epic Tradition of Charlemagne », *Cahiers de recherches médiévales et humanistes* 12, 2005, pp. 1–30.

Fackenheim, E. L., « A Treatise on Love by Ibn Sina », *Medieval Studies* 7, 1945, pp. 208–228.

Federici Vescovini, G., *Le Moyen Âge magique. La magie entre religion et science du XIII$^e$ au XIV$^e$ siècle*, préface de J. Biard, Paris, Librairie philosophique, 2011.

Ferlampin-Acher, Ch., « Larron contre Luiton : les métamorphoses de Maugis », in *Entre épopée et légende : les Quatre fils Aymon ou Renaut de Montauban*, sous la dir. de D. Quéruel, Langres, Guéniot, II, 2000, pp. 101–118.

Ferlampin-Acher, Ch., « La présence des chansons de geste dans *Artu de Bretagne*, entre réminiscence et réécriture », in *Le souffle épique. Mélanges Bernard Guidot*, sous la dir. de M. Ott, Orléans, Paradigme, 2010, pp. 407–424.

Frappier, J., *Histoire, Mythes et Symboles*, Genève, Droz, 1976.

Gabrieli, F., « L'Islam e l'Occidente nell'Alto Medioevo », in *L'Occidente e l'Islam nell'Alto Medioevo* I, Spoleto, Presso la sede del Centro del Convegno di Spoleto, II, 1965, pp. 15–35.

Gallois, M., « Science et merveille. La nigromance dans *Lion de Bourges* », in *Chansons de geste et savoir savant. Convergences et interférences*, sous la dir. de Ph. Haugeard et B. Ribémont, Paris, Garnier, 2015, pp. 183–196.

Gargatagli, M., « La historia de la escuela de traductores de Toledo », *Quaderns. Revista de traducció* 4, 1999, pp. 9–13.

Garcia, A., « Privilege, Power, and Dungeons & Dragons : How Systems Shape Racial and Gender Identities », *Tabletop Role-Playing Games, Mind, Culture, and Activity* 24, 2017, pp. 232–246.

Gautier, L., *Les épopées françaises*, Paris, Palmé, III, 1878–1892.

Gázquez, J. M., *The Attitude of the Medieval Latin Translators towards the Arabic Sciences*, Firenze, SISMEL, Edizioni del Galluzzo, 2016.

González, C., « Caballeros, ladrones, mujeres, magia y poder en *Carlos Maynes* y *Enrique Fi de Oliva* », *Hispania* 95, 2012, pp. 609–616.

Gradín, P. L., « El camino, los caminos », in *Los caminos del personaje en la narrativa medieval*. Actas del Coloquio Internacional (Santiago de Compostela 1–4 diciembre 2004), sous la dir. de P. Lorenzo Gradín, Firenze, Edizioni del Galluzzo, 2006, pp. 9–18.

Gugenheim, S., *Il mago Malagigi. Saggio per uno studio sopra la figura del mago nella letteratura cavalleresca italiana*, Milano, L'Educazione Moderna, 1910.

Gurevich, A., *Le categorie della cultura medievale*, Torino, Einaudi, 1983.

Gurevich, A., *Contadini e santi. Problemi della cultura popolare nel Medioevo*, Torino, Einaudi, 1986.

Harf-Lancner, L., *Les fées au Moyen Âge*, Genève, Slatkine, 1984.

Haugeard, Ph., *Ruses médiévales de la générosité. Donner, dépenser, dominer dans la littérature épique et romanesque des XII^e et XIII^e siècles*, Paris, Champion, 2013.

Haugeard, Ph., « Le magicien voleur et le roi marchand. Éssai sur le don dans *Renaut de Montauban* », *Romania* 123, 2005, pp. 290–320.

Jarchow, K., « Magic at the Margins: The Mystification of *Maugis d'Aigremont* », in *Magic and Magicians in the Middle Ages and the Early Modern Time*, sous la dir. de A. Classen, Berlin, De Gruyter, 2017, pp. 439–473.

Jauss, H. R., *Alterità e modernità della letteratura medievale*, Milano, Boringhieri, 1989.

Jolly, K. L., « Anglo-Saxon charms in the context of a Christian world view », *Journal of Medieval History* 11, 1985, pp. 279–293.

Jourdain, A., *Recherches critiques sur l'âge et l'origine des traductions latines d'Aristote et sur des commentaires grecs ou arabes employés par les docteurs scolastiques*, Paris, Joubert, 1843.

Kibler, W., « The Old French Magicians: Maugis, Basin and Oberon », in *Romance Epic: Essays on Medieval Literary Genre*, sous la dir. de H. E. Keller, Kalamazoo, Medieval Institute Publications, 1987, pp. 173–187.

Kieckhefer, R., *La magia nel Medioevo*, Roma-Bari, Laterza, 2004.

Klein, R., *La forma e l'intelligibile*, Torino, Einaudi, 1975.

Labbé, A., « Un repas ridicule dans *Renaut de Montauban*: Maugis servi par Charlemagne », in *Banquets et manières de table au Moyen Âge*, Aix-en-Provence, Université de Provence, CUERMA, coll. « Sénéfiance », 1996, pp. 319–335.

Labbé, A., « Enchantement et subversion dans *Girart de Roussillon* et *Renaut de Montauban* », in *Regards sur la chanson de geste « Mult ad apris ki bien conuist ahan »*, Paris, Garnier, 2019, pp. 30–36.

Langlais, E., « L'épopée universaliste. Une réévaluation de l'épique », in *Das wiedergefundene Epos. Inhalte, Formen und Funktionen epischen*

*Erzählens vom Beginn des 20. Jahrhunderts bis heute. L'épopée retrouvée. Motifs, formes et fonctions de la narration épique du début du XXᵉ siècle à l'époque contemporaine*, sous la dir. de C. Krauss et U. Urban, Berlin, LIT, 2013, pp. 67–78.

Le Goff, J., *La civiltà dell'Occidente medievale*, Firenze, Sansoni, 1969.

Le Goff, J., *Il meraviglioso e il quotidiano nell'Occidente medievale*, Bari, Laterza, 1983.

Letourneau, Ch., *L'évolution juridique dans les diverses races humaines*, Paris, Lecrosnier et Babé, 1891.

Limentani, A. «Astronomia, Astrologia e Arti Magiche nell'*Entrée d'Espagne*», in *Medioevo e Rinascimento Veneto con altri studi in onore di Lino Lazzarini I. Dal Duecento al Quattrocento*, Padova, Antenore, coll. «Medioevo e Umanesimo», 1979, pp. 129–146.

Lombroso, C., *L'uomo delinquente in rapporto all'antropologia, giurisprudenza e alle discipline carcerarie*, Torino, Bocca, I, 1878.

Longhi, B., «Maugis et les spéculations intellectuelles sur la magie aux XIIᵉ et XIIIᵉ siècles», in *Chansons de geste et savoirs savants. Convergences et interférences*, sous la dir. de Ph. Haugeard et B. Ribémont, Paris, Garnier, 2015, pp. 163–181.

Maggio, N., «Conan la spada e lo stregone Middle Ages e fantasy: la rielaborazione del medioevo attraverso le saghe filmiche sword and sorcery», *Bianco e nero. Rivista di cinematografia*, 82/600 medioevo, 2021, pp. 94–101.

Maíllo Salgado, F., «Lógica histórica del desencuentro entre cristianos y musulmanes», *Estudios Mirandeses* 28 B, 2008, pp. 5–22.

Malatrait, S. K., «L'épopée à l'encre de lumière. Héros, collectif et violence dans l'épopée cinématographique», in *Das wiedergefundene Epos. Inhalte, Formen und Funktionen epischen Erzählens vom Beginn des 20. Jahrhunderts bis heute. L'épopée retrouvée. Motifs, formes et fonctions de la narration épique du début du XXᵉ siècle à l'époque contemporaine*, sous la dir. de C. Krauss et U. Urban, Berlin, LIT, 2013, pp. 197–208.

Mandolino, G., «La testimonianza del patriarca nestoriano Israel di Kaškar (m. 872) sulla *Pseudo-Teologia di Aristotele*», *Studia graeco-arabica* 8, 2018, pp. 153–166.

Manzini, V., *Le varie specie di furto nella Storia e nella Sociologia*, Torino, Unione Tipografica Editrice Torinese, I, 1912.

Marcelli, N., « Per un'interpretazione allegorico-morale dei *Cantari di Rinaldo da Monte Albano* », *Interpres* 18, 1999, pp. 5–57.

Masi, E., *Il pensiero ellenistico*, Bologna, Clueb, 1981.

Mazzoni, M., « Maugis e Malagigi : la figura del mago ladro dalla *chanson de geste* ai cantari cavallereschi », in *Forme letterarie del Medioevo romanzo : testo, interpretazione e storia*. XI Congresso Società Italiana di Filologia Romanza (Catania, 22–26 settembre 2015), sous la dir. de A. Pioletti et S. Rapisarda, Soveria Mannelli, Rubbettino, 2016, pp. 349–363.

Mazzoni, M., « Il personaggio di Malagigi nel *Morgante* », in *Luigi Pulci. La Firenze laurenziana e il Morgante*. Atti del convegno di Modena, sous la dir. de L. Beggi Miani et M. C. Cabani, Modena, Accademia Nazionale di Scienze Lettere e Arti, 2018, pp. 219–234.

Mazzoni, M., *Maugis e Malagigi : storia di un personaggio*. Thèse de doctorat présentée à la Faculté des lettres de l'Université de Lausanne, directeur de thèse M. C. Cabani, UNIL, Université de Lausanne, 2018.

Mazzoni, M., « Maugis e i maghi-ladri nell'epica francese », in *Cultura dotta e cultura folclorica nei testi medievali*, sous la dir. de M. Lecco, Alessandria, Edizioni dell'Orso, 2019, pp. 119–129.

Mazzoni, M., « Maugis e Malagigi : il mago-ladro dalla *chanson de geste* ai poemi cavallereschi », *Schifanoia* 56–57, 2019, pp. 31–37.

Mazzoni, M., « Tra *chanson* e cantare : note a un cantare italiano del XIV secolo » in *Studi sulla letteratura cavalleresca in Francia e in Italia (secoli XIII- XVI)*, sous la dir. de M. Lecco, Alessandria, Edizioni dell'Orso, 2020, pp. 63–72.

Melli, E., « *I Cantari di Rinaldo* e l'epica francese », in Atti dell'Accademia delle Scienze dell'Istituto di Bologna. Classe di Scienze morali. Rendiconti 58, 1970, pp. 102–156.

Melli, E., « Caractéristiques philologiques et fabulistiques de la version italienne de *Renaut de Montauban* (*I Cantari di Rinaldo da Montalbano*) », in *Reinold. Ein Ritter für Europa*, sous la dir. de B. Weifenbach, Berlin, Logos, 2004, pp. 95–98.

Ménard, Ph., « Les noms et qualificatifs des génies et des enchanteurs dans les chansons de geste », in *Ce nous dist li escris... Che est la verite*.

Études de littérature médiévale offertes à André Moisan par ses collègues et ses amis réunies par M. Lacassagne, Aix-en-Provence, Université de Provence, CUERMA, coll. « Sénéfiance », 2000, pp. 179–191.

Meneghetti, M. L., «Fortuna e canone dell'epopea francese in Italia: l'evidenza della tradizione manoscritta», in *Carlo Magno in Italia e la fortuna dei libri di cavalleria.* Atti del Convegno internazionale di Zurigo (6–8 maggio 2014), sous la dir. de J. Bartuschat et F. Strologo, Ravenna, Longo, 2016, pp. 55–66.

Menéndez Pidal, R., *España, eslabón entre la cristianidad y el Islam*, Madrid, Espasa Calpe, 1956.

Merceron, J. E., « Le cheval Bayart, l'enchanteur Maugis et la fée Oriande. De la médecine par le secret à la chanson de geste et retour par la mythologie celto-hellénique », *Nouvelle mythologie comparée* 4, 2018, pp. 1–76.

Micalizzi, P., «Orlando nel reame di celluloide. I Paladini di Francia nel cinema italiano», in *Sulle orme di Orlando. Leggende e luoghi carolingi in Italia*, sous la dir. de A. I. Galletti et R. Roda, Padova, Interbooks, 1987, pp. 359–370.

Moran, P., « Genres médiévaux et genres médiévistes : l'exemple des termes *chanson de geste* et *épopée* », *Romania* 136, 2018, pp. 38–60.

Morato, N., « Conclusions. Matière épique et culture textuelle », dans *La Matière épique dans l'Europe romane au Moyen Âge. Persistances et trajectoires*, sous la dir. de A. Constantidinis et C. Mascitelli, Paris, Garnier, 2021, pp. 211–226.

Negri, A., « Maugis ladro-mago nell'epica medievale », *Quaderni di Filologia romanza della Facoltà di Lettere e Filosofia dell'Università di Bologna, Lingua, poesia, racconto* 6, 1987, pp. 27–49.

Negri, A., « Il topos del ladro-mago nel meraviglioso medievale : immagini letterarie e sfondo culturale », *Quaderni di Filologia romanza della Facoltà di Lettere e Filosofia dell'Università di Bologna, Trovatori, canzoni dei gesta, storia delle idee ed altro* 7, 1990, pp. 47–57.

Negri, A., « Sur les traces d'un roman chevaleresque méconnu : le *Rinaldo Appassionato* », in *Reinold. Ein Ritter für Europa*, sous la dir. de B. Weifenbach, Berlin, Logos, 2004, pp. 99–111.

Negri, A., « Un codice del *Renaut de Montauban* in Italia : dalla Biblioteca dei Gonzaga alla Biblioteca Marciana », *Quaderni di filologia romanza*.

*Rivista di linguistica letteratura critica testuale* (QFR) 25, 2017, pp. 133–150.

Nigro, S. S., *Pulci e la cultura medicea*, Bari, Laterza, 1972.

Parri, I., *La magia nel Medioevo*, Milano, Carocci, 2018.

Pasotti, O., « Dai Cantari ai poemi cavallereschi : prestigio e crisi del mago Malagigi », *Rassegna della letteratura italiana* 95, 1991, pp. 39–48.

Pasqualino, A., *Le vie del cavaliere. Dall'epica medievale alla cultura popolare*, Milano, Bompiani, 1992.

Pergola, R., « *Ex arabico in latinum* : traduzioni scientifiche e traduttori nell'Occidente medievale », *Studi di Glottodidattica* 3, 2009, pp. 74–105.

Perrotta, A., « Lo spazio della corte : la rappresentazione del potere politico nel *Morgante* di Luigi Pulci », *The Italianist* 24, 2004, pp. 144–168.

Perrotta, A., « Magia profezia e narrazione del vero nel *Morgante* di Luigi Pulci », in *Le forme della poesia*. Atti dell'VIII Congresso dell'ADI, Siena, 22–25 settembre 2004, II, sous la dir. de R. Castellana et A. Baldini, Firenze, Betti, 2006, pp. 67–74.

Puce, E., « *"Orlando laurenziano"* e *"Morgante"* : implicazioni filologico-letterarie », *Italianistica. Rivista di letteratura italiana* 34, 2005, pp. 61–69.

Quint, D., *Epic and Empire. Politics and Generic Form from Virgil to Milton*, Princeton, Princeton University Press, 1993.

Rajna, P., « Frammenti di un'edizione sconosciuta del *Rinaldo da Montalbano* in ottava rima », *La Bibliofilia* 9, 1907, pp. 132–149.

Ricci, L., *Paraletteratura. Lingua e stile dei generi di consumo*, Roma, Carocci, 2013.

Roblin, S., « L'enchanteur et le roi : d'un antagonisme politique à une rivalité mythique ? », in *Pour une mythologie du Moyen Âge*. Études rassemblées par L. Harf-Lancner et D. Boutet, Paris, École Normale Supérieure, 1988, pp. 117–132.

Roblin-Dublin, S. « L'école de magie de Tolède. Histoire et légende », in *Histoire et littérature au Moyen Âge*, sous la dir. de D. Buschinger, Göppingen, Kümmerle, 1991, pp. 419–433.

Rose, V., « Ptolemaeus und die Schule von Toledo », *Hermes* 8, 1874, pp. 327–349.

Russell, J. B., *Il diavolo nel Medioevo*, Bari, Laterza, 1987.

Saint-Gelais, R., *Fictions transfuges. La transfictionnalité et ses enjeux*, Paris, Seuil, 2011.

Sciancalepore, A., « Renaud et Rinaldo : négation et retour du chevalier sauvage », in *Par devers Rome m'en revenrai errant*. XXᵉ Congrès international de la Société Rencesvals pour l'étude des épopées romanes, sous la dir. de M. Careri, C. Menichetti et M. T. Rachetta, Roma, Viella, 2017, pp. 347–355.

Segre, C., *Notizie dalla crisi*, Torino, Einaudi, 1993.

Selling, K., « "Fantastic Neomedievalism" : The Image of the Middle Ages in popular fantasy », in *Flashes of the Fantastic : Selected Papers from The War of the Worlds Centennial*. Nineteenth International Conference on the Fantastic in the Arts, sous la dir. de D. Ketterer, Westport, Praeger, 2004, pp. 211–218.

Seydou, C., « L'épopée, genre littéraire ou institution sociale ? L'exemple africain », *Litterales. L'épopée : mythe, histoire, société* 19, 1996, pp. 51–66.

Suard, F., *Guillaume d'Orange. Étude du roman en prose*, Paris, Champion, 1979.

Suard, F., « *Ogier le Danois* et *Renaut de Montauban* », in *Essor et fortune de la chanson de geste dans l'Europe et l'Orient latin* I. Actes du IXᵉ Congrès international de la Société Rencesvals pour l'étude des épopées romanes, Modena, Mucchi, 1984, pp. 185–202.

Suard, F., « Le développement de la Geste de Montauban en France jusqu'à la fin du Moyen Âge », in *Romance Epic. Essays on a Medieval Literary Genre*, éd. Par H. E. Keller, Kalamazoo, Western Michigan University, 1987, pp. 141–161.

Suard, F., « *Renaut de Montauban* : Enjeux et problèmes de la chanson du XIIIᵉ siècle », in *Entre épopée et légende : les Quatre fils Aymon ou Renaut de Montauban*, sous la dir. de D. Quéruel, Langres, Guéniot, I, 2000, pp. 17–49 (republié maintenant dans F. Suard, *Raconter, célébrer au Moyen Âge. Le lai, la nouvelle, le roman et l'épopée*, Paris, Champion, 2021, pp. 177–204).

Suard, F., « Quelques remarques sur *Renaut de Montauban* (ms. Douce, Oxford, Bodléienne 121) », GREP, Paris IV Sorbonne, 11 décembre 2021 (sous presse).

Suggi, A., « La magia nell'Europa moderna », *Rivista di Storia della Filosofia* 59, 2004, pp. 603–608.

Sunderland L., *Rebel Barons. Resisting Royal Power in Medieval Culture*, Oxford, University Press, 2017.

Thillet, P., *Enneades IV-V by Plotini Opera*. Ediderunt Paul Henry, Hans-Rudolf Schwyzer ; Plotiniana arabica ad codicum fidem anglice vertit Geoffrey Lewis, compte rendu *Arabica* 12, 1965, pp. 318–325.

Thompson, S., *The Folktale*, Berkeley, University of California, 1946.

Thorndike, L., « The Latin *Pseudo-Aristotle* and Medieval Occult Science », *The Journal of English and Germanic Philology* 21, 1922, pp. 229–258.

Thorndike, L., *History of Magic and Experimental Science during the first thirteen centuries of our era*, New York and London, Columbia University Press, IV, 1923.

Thorndike, L., *Magic Witchcraft Astrology and Alchemy*, Cambridge, University Press, 1936.

Ugochukuwu, F., « Le diable dans la tradition populaire française », *Francofonia* 10, 1986, pp. 103–114.

Valette, J.-R.,« Le merveilleux et la matière de France», in *Par devers Rome m'en revenrai errant*. XXᵉ Congrès international de la Société Rencesvals pour l'étude des épopées romanes, sous la dir. de M. Careri, C. Menichetti et M. T. Rachetta, Roma, Viella, 2017, pp. 445–455.

Van Emden, W., « What constitutes a "bon larron" ? », in *Guillaume d'Orange and the chanson de geste*. Essays presented to Duncan Mac Millan, sous la dir. de W. Van Emden et Ph. Bennet, Reading, Solaris Press, 1984, pp. 197–218.

Vanoli, A., *La Spagna delle tre culture*, Roma, Viella, 2006.

Vasoli, C., *La filosofia medievale*, Milano, Feltrinelli, 1961.

Vegas Gonzáles, S., *La Escuela de Traductores de Toledo en la Historia del Pensamiento*, Toledo, Serrano, 1998.

Vélez León, P., « Sobre la noción, significado e importancia de la Escuela de Toledo », *Disputatio. Philosophical Research Bulletin* 6, 2017 pp. 537-579.

Verelst, Ph., « L'enchanteur d'épopée. Prolégomènes à une étude sur Maugis », *Romanica Gandensia* 16, 1976, pp. 119–162.

Verelst, Ph., «Texte et iconographie: une curieuse mise en abyme dans un *Renaut de Montauban* inédit», *Romanica Gandensia* 17, 1980, pp. 147–162.

Verelst, Ph., «Le personnage de Maugis dans *Renaut de Montauban* (versions rimées traditionelles)», in «Études sur Renaut de Montauban», sous la dir. de J. Thomas, Ph. Verelst et M. Piron, *Romanica Gandensia* 18, 1981, pp. 75–152.

Verelst, Ph., «L'art de Tolède ou le huitième des arts libéraux: une approche du merveilleux épique», in *Aspects de l'épopée romane. Mentalités, idéologies, intertextualités.* Actes du XIII<sup>e</sup> Congrès international de la Société Rencesvals (Groningue, 22–27-08-1994), sous la dir. de H. Van Dijk et W. Noomen, Groningen, Egbert Forsten, 1995, pp. 3–41.

Villanueva, F. M., «In Lingua Tholetana», in AA.VV., *La escuela de traductores de Toledo*, Toledo, Diputación Provincial de Toledo, 1996, pp. 23–34.

Villoresi, M., *La letteratura cavalleresca. Dai cicli medievali all'Ariosto*, Milano, Carocci, 2000.

Vrânceanu, A., «La topologia di Curtius come metodo di strutturazione della letteratura europea», in *Ernst Robert Curtius e l'identità culturale dell'Europa*. Atti del XXXVII Convegno interuniversitario (Bressanone/Innsbruck, 13–16 luglio 2009), sous la dir. de I. Paccagnella et E. Gregori, Padova, Esedra, 2011, pp. 235–252.

Walker, D. P., *Spiritual and Demonic Magic*, London, The Warburg Institute, 1958.

Zaganelli, G., «Il meraviglioso geografico medievale. Per una ridefinizione», in *Monaci e pellegrini nell'Europa medievale. Viaggi, sperimentazioni, conflitti e forme di mediazione*, sous la dir. de F. Salvestrini, Firenze, Polistampa, 2014, pp. 57-72.

Zatti, S., «Curtius e la modernità», in *Metamorfosi dei topoi nella poesia europea dalla tradizione alla modernità I, Figure della soggettività e imitatio dal Romanticismo al Decadentismo*, sous la dir. de S. Zatti, Pisa, Pacini, 2018, pp. 25–45.

Zemmour, C., «De la construction d'un espace mythique aux manifestations de puissance surnaturelles, dans quelques lais féeriques des 12<sup>e</sup> et 13<sup>e</sup> siècles: langue et symboles de la magie au Moyen Âge», in *Magie et illusion au Moyen Âge*, Aix-en-Provence, Université de Provence, CUERMA, coll. « Sénéfiance », 1999, pp. 619–632.

ŒUVRES

*Avicenna. Libro della guarigione*, éd. A. Bertolacci, Torino, UTET, 2015.

*Iacomo della Lana. Commento alla 'Commedia'*, éd. M. Volpi, con la collaborazione di A. Terzi, Roma, Salerno, I, 2009.

*Élie de Saint-Gilles*. Nouvelle édition par B. Guidot d'après le manuscrit BnF n° 25516, Paris, Champion, 2013.

*Fierabras. Chanson de geste du XII<sup>e</sup> siècle*, éd. M. Le Person, Paris, Champion, 2003.

*Girart de Roussillon*, éd. W. M. Hackett, Paris, Champion, III, 1953–1955.

*Huon de Bordeaux*, édition bilingue par W. W. Kibler et F. Suard, Paris, Champion, 2003.

*I Cantari di Rinaldo da Monte Albano*, éd. E. Melli, Bologna, Commissione per i testi di lingua, 1973.

*La Bataille Loquifer*. Studio e edizione critica, éd. C. Dusio, Strasbourg, ELIPHI, 2021.

*La Chanson des Quatre Fils Aymon*, éd. F. Castets, Montpellier, Coulet, 1909.

*La Chanson de Roland. Édition critique* par C. Segre, Genève, Droz, 2003.

*La Mort de Maugis*, éd. F. Castets, *Revue des langues romanes* 36, 1982, pp. 281–314.

*L'episodio di Vaucouleurs nelle redazioni in versi del "Renaut de Montauban"*, Biblioteca di filologia romanza della Facoltà di Lettere e Filosofia dell'Università di Bologna, n.8 éd. A. Negri, Bologna, Patron, 1996.

*Les Enfances Vivien*, éd. M. Roquier, Genève, Droz, 1997.

*Le Storie di Erodoto*, *Libri I-IV*, I, éd. A. Colonna et F. Bevilacqua, Torino, UTET, 1996.

*Libri XIV qui Aristotelis esse dicuntur, de secretiore parte divinae sapientiae secumdum Aegyptios*, livre VI, Paris, 1572, f. 54v.

*Ludovico Ariosto, Orlando furioso*, éd. L. Caretti, Milano-Napoli, Ricciardi, 1954.

*Luigi Pulci. Morgante*, éd. F. B. Ageno, Milano-Napoli, Ricciardi, 1955.

*Matteo Maria Boiardo, Orlando innamorato*, éd. R. Bruscagli, Torino, Einaudi, 1995.

*Maugis d'Aigremont*, éd. Ph. Vernay, Berne, Francke, 1980.

*Maugis d'Aigremont, chanson de geste suivie de La Mort de Maugis*, par R. Fournier-Lanzoni et J. Devard, Paris, L'Harmattan, 2014.

*Plotino, Enneadi*, éd. M. Casaglia, C. Guidelli, A. Linguiti et F. Moriani, Torino, UTET, 1997.

*Plotini Opera Tomus II – Enneades IV-V* ediderunt P. Henry et H. R. Schwyzer Plotiniana Arabica ad codicum fidem anglice vertit (G. Lewis), Paris, Desclée de Brouwer, 1959.

*Renaut de Montauban. Édition critique du manuscrit Douce*, par J. Thomas, Genève, Droz, 1989.

*Renaut de Montauban. Édition critique du ms. de Paris, B. N., fr. 764 (R)*, éd., Ph. Verelst, Gent, Rijksuniversiteit, 1988.

*Vivien de Monbranc*, éd. W. G. Emden, Genève, Droz, 1987.

## SITOGRAPHIE

http://www.cinemedioevo.net/classici/attolini.htm

http://classiques.uqac.ca/classiques/mauss_marcel/essais_de_socio/T7_fo rmes_classification/formes_classification.pdf

https://www.dragonslair.it/forums/topic/25231-ladromago, https://dung eonsdragons.forumfree.it/?t=48060570

https://www.drivethrurpg.com/product/17010/Chainmail-Rules-for-Medieval-Miniatures-0e.

www.fondazionecsc.it/bianco-e-nero-2/ al cinema di Iacono e Facchini

https://fr.cimeep.com

www.greekintoarabic.eu.htm

# INDEX DES NOMS D'AUTEURS ET DES ŒUVRES

## Interkulturelle Begegnungen.
## Studien zum Literatur- und Kulturtransfer
Herausgegebenvon Rita Unfer Lukoschik und Michael Dallapiazza

Die Bände 1-12 sind im Martin Meidenbauer Verlag erschienen und können über den Verlag Peter Lang, Internationaler Verlag der Wissenschaften, bezogen werden: www.peterlang.de.

Ab Band 13 erscheint diese Reihe im Verlag Peter Lang, Internationaler Verlag der Wissenschaften, Berlin.

www.peterlang.com

www.ingramcontent.com/pod-product-compliance
Lightning Source LLC
Chambersburg PA
CBHW030919150426
42812CB00046B/339